Stephan Becker

Objektbeziehungspsychologie und katastrophische Veränderung

Zur psychoanalytischen Behandlung psychotischer Patienten

Stephan Becker

Objektbeziehungspsychologie und katastrophische Veränderung

Zur psychoanalytischen Behandlung psychotischer Patienten

Mit einem Vorwort
von Reinhart Lempp

edition diskord

CIP-Titelaufnahme der Deutschen Bibliothek

Becker, Stephan:
Objektbeziehungspsychologie und katastrophische Veränderung: zur psychoanalytischen Behandlung psychotischer Patienten / Stephan Becker. Mit e. Vorw. von Reinhart Lempp. - Tübingen: Ed. diskord, 1990
ISBN 3-89295-544-1

Gesamtherstellung: Axel Eiling, Kaufungen

ISBN 3-89295-544-1

Inhalt

Für Ulli, Rolf und Gabi

Vorwort

Seit über zwölf Jahren arbeitet Stephan Becker als Supervisor mit den Mitarbeitern, den ärztlichen und psychologischen, ebenso wie vor allem mit dem Pflege- und Erziehungspersonal einer Station der Abteilung für Kinder- und Jugendpsychiatrie im Tübinger Klinikum, auf der ganz vorwiegend psychotische Jugendliche, Borderlinepatienten und schwere Neurosen aufgenommen werden. Aus dieser lebhaften Zusammenarbeit und jahrelangen Auseinandersetzung ist ein Behandlungskonzept entstanden, dessen theoretische Grundlage der Gegenstand dieses Buches ist.

Die Psychoanalyse hat sich als hermeneutischer Ansatz beim Verständnis und der Therapie kindlicher Neuroseformen bewährt. Sie auch auf Psychosen anzuwenden, haben sich ihre Vertreter mit wenigen Ausnahmen immer geweigert. Man wollte von freier Assoziation und Deutung nicht lassen. Bei den Kindern ging man seit Anna Freud den Weg des Spiels, wobei aber wohl immer die Übertragung und Gegenübertragung der wirksame Faktor war. Jugendliche in und jenseits der Reifeentwicklung stellt man in der Psychiatrie und Psychoanalyse immer den Erwachsenen gleich und auch dort waren die klassischen Formen psychoanalytischer Behandlung nicht anwendbar, weil der psychotische Patient zwischen Realität und Phantasie, — wir sagen zwischen Haupt- und Nebenrealität — nicht unterscheiden kann und weil er auch nicht wie der Neurotiker verdrängt. Weil er das nicht kann, ist er ja psychotisch geworden. Darum ist der psychotische Jugendliche — natürlich ebenso der psychotische Erwachsene — einem Kleinkind gleichzustellen, allerdings belastet mit seiner seit dieser Zeit erworbenen Erfahrung und seinem Wissen. Das bedeutet, daß bei der Therapie dieser Menschen auch die Beziehung, die Objektbeziehung, in den Vordergrund gestellt werden muß. Dies aber ist nur möglich, wenn das therapeutische Team, alle, die auf der Station mitarbeiten, sich ganz auf die Patienten und deren jeweilige Nebenrealität einzustellen bereit sind und dazu in die Lage versetzt werden. Dies kann auf dem Boden der psychoanalytischen Theorie gelingen. Sie dient dem Verständnis der Verhaltensweisen und der Reaktionen des Patienten, aber ebenso der eigenen des Teams, das so fähig wird, sich auf die Welt des psychotischen Patienten einzulassen, ohne selbst in die Gefahr zu geraten, von der Katastrophe im Patienten miterfaßt zu werden. Der Mitarbeiter auf der Station muß sich auch nicht deshalb zu seinem eigenen Schutz ständig von der Erlebniswelt des Patienten distanzieren und seine Beziehung zu ihm wieder gefährden. Er kann sich so in zunehmend tragfähiger Bindung dem Patienten allmählich als Repräsentant der gemeinsamen, vom Patienten zunächst angstvoll abgewehrten Hauptrealität anbieten und diese kann schließlich von ihm akzeptiert werden. Die dazu notwendige bedingungslose Zuwendung entspricht dem frühinfantilen Bedürfnis des Kindes und bestätigt die Interpretation der schizophrenen Psychose als eine mißglückte Regression, um einen psychischen Neuanfang zu versuchen.

Diese klinische Erfahrung hat Stephan Becker in seinem Buch auf eine breite, fundierte, theoretische Grundlage gestellt und sich dabei mit der Psychoanalyse und ihren verschiedenen Ansätzen auseinandergesetzt.

Die Kinder- und Jugendpsychiatrie, genauer, die Entwicklungspsychologie und -psychopathologie hat sich wieder einmal als der lang übersehene Königsweg zum Verständnis der Nosologie der Psychopathologie auch des Erwachsenenalters erwiesen.

Reinhart Lempp

I.

Einleitung

Objektbeziehungspsychologie und katastrophische Veränderung sind Bestimmungsstücke der Psychoanalyse heute, die der Vielfalt, d.h. der Multiplizität von Bedeutungen psychischen Geschehens eingedenk ist; nicht die Unausweichlichkeit menschlichen Schicksals im Sinne der Tragödie zu erforschen, ist hier gefragt, sondern das Aufbrechen eines Schuldzusammenhangs durch Trauerarbeit im Geiste des Epos, demzufolge es mit den Menschen so aber auch anders kommen könnte – gestern, heute, morgen (Elkana, Y. 1986, S. 118 ff.). Das Epos steht zur Tragödie in einer exzentrischen Position: Die exzentrische Position ist die psychoanalytische.

„Die Tradition der Unterdrückten belehrt uns darüber, daß der ‚Ausnahmezustand', in dem wir leben, die Regel ist" (Benjamin, W. 1965, S. 84). Hinter der Oberfläche der Lebensformen der Menschen stehen die Kräfte jenes „wirklichen Ausnahmezustandes" (Benjamin, s.o.), der unbewußt ist, so unbewußt wie die Gesellschaft als von den Zwängen ökonomischer und sexueller Unterdrückung befreite bilderlos ist. Dem Ausnahmezustand haftet etwas Katastrophisches an, das scheinbar lautlos die Lebensverhältnisse der Menschen bewegt; dieses katastrophische Moment kann aber auch die Züge eines apokalyptischen Geschehens annehmen, bei dem kein Stein dieser Welt über dem anderen bleibt. Was unterdrückt wird, verschwindet nicht einfach, als ob es zu löschen wäre, im Gegenteil: „der Traum beweist uns, *daß das Unterdrückte auch beim normalen Menschen fortbesteht und psychischer Leistungen fähig bleibt.* Der Traum ist selbst eine der Äußerungen dieses Unterdrückten; nach der Theorie ist er es in allen Fällen, nach der greifbaren Erfahrung wenigstens in einer großen Anzahl, welche die auffälligen Charaktere des Traumlebens gerade am deutlichsten zur Schau trägt. Das seelisch Unterdrückte, welches dem Wachleben durch *die gegen-*

sätzliche Erledigung der Widersprüche am Ausdruck gehindert und von der inneren Wahrnehmung abgeschnitten wurde, findet im Nachtleben und unter der Herrschaft der Kompromißbildung Mittel und Wege, sich dem Bewußtsein aufzudrängen. Flectere si necqueo Superos, Acheronta movebo.

Die Traumdeutung aber ist die Via regia zur Kenntnis des Unbewußten im Seelenleben. Indem wir der Analyse des Traumes folgen, bekommen wir ein Stück weit Einsicht in die Zusammensetzung dieses allerwunderbarsten und allergeheimnisvollsten Instrumentes, freilich nur ein kleines Stück weit, aber es ist damit der Anfang gemacht, um von anderen — pathologisch zu heißenden — Bildungen her weiter in die Zerlegung desselben vorzudringen. Denn die Krankheit — wenigstens die mit Recht funktionell genannte — hat nicht die Zertrümmerung dieses Apparates, die Herstellung neuer Spaltungen in seinem Innern zur Voraussetzung; sie ist *dynamisch* aufzuklären durch Stärkung und Schwächung der Komponenten des Kräftespiels, von dem so viele Wirkungen während der normalen Funktion *verdeckt* sind" (letzte Hervorhebung St. B.) (Freud, S. 1900, II/III., S. 613 ff.). An anderer Stelle führt Freud aus: „Wir ahnen, wie treffend die Worte Fr. *Nietzsches* sind, daß sich im Traume ‚ein uraltes Stück Menschtum fortübt, zu dem man auf direktem Wege kaum mehr gelangen kann', und werden zur Erwartung veranlaßt, durch die Analyse der Träume zur Kenntnis der archaischen Erbschaft des Menschen zu kommen, das seelisch Angeborene in ihm zu erkennen. Es scheint ..., daß die Psychoanalyse einen hohen Rang unter den Wissenschaften beanspruchen darf, die sich bemühen, die ältesten und dunkelsten Phasen des Menschheitsbeginnes zu rekonstruieren.

Leicht möglich, daß dieses erste Stück unserer psychologischen Verwertung des Traumes uns selbst nicht sonderlich befriedigt. Wir wollen uns damit trösten, daß wir ja genötigt sind, ins Dunkle hinaus zu bauen. Sind wir nicht völlig in die Irre geraten, so müssen wir von einem anderen Angriffspunkte her in ungefähr die nämliche Region geraten, in welcher wir uns dann vielleicht besser zurechtfinden werden" (Freud, S. 1900, Band II/III S. 554 ff.).

Die Empfindung eines Träumers „Es träumte mir" und der Mitteilung an einen anderen nach dem Modus „Ich träumte..." beschreibt den weiten Weg von den latenten Traumgedanken im Unbewußten und dessen Funktionsweise als Primärprozeß hin zum Sekundärprozeß; dieser Transformations-und Bearbeitungsprozeß erweist sich zunächst als ein intrapsychischer Vorgang, der in der Kommunikation mit einem anderen zu einem interpersonellen wird: Diese Übertragung vom Unbewußten ins Bewußte setzt aber ein Subjekt voraus, das träumen kann, wie z.B. die von Freud vorrangig beschriebenen neurotischen — überwiegend intelligent angepaßten — Patienten, die, um träumen zu können, über ein Unbewußtes verfügen, das aus der Verdrängung stammt. In dieser Arbeit wird eine Psychoanalyse entfaltet, die sich auf psychotische Patienten konzentriert: psychotische Patienten wissen ganz bewußt, was neurotische Patienten in ihr Unbewußtes verdrängen. Psychotische Patienten können nicht zwischen ‚unbewußt' und ‚bewußt' unterscheiden. Die fehlende Grenze zwischen Traum und Wirklichkeit bzw. die Fähigkeit zum Überstieg zwischen Haupt- und Nebenrealität (Lempp, R. 1973) führt dazu, daß sie etwas, was ein neurotischer Mensch träumen, erinnern und von der Realität im Wachzustand abgrenzen kann, unmittelbar in die äußere Realität herausverlagern; zu dieser Herausverlagerung gehört wesentlich, daß bei vielen psychotischen Patienten die Grenzen zwischen innerer und äußerer Realität fehlen oder verschwommen sind. Die fehlenden Grenzen zwischen innerer und äußerer Realität finden ihren zentralen Ausdruck in der Abwehr als Spaltung und Fragmentierung. Wo Spaltung und Fragmentierung wirksam sind, funktioniert auch die Verdrängung in ihren konstruktiven Möglichkeiten nicht mehr, weshalb sich hinter der Spaltung und der Fragmentierung des psychotischen Patienten auch kein isolierbarer „Konflikt" verbergen kann, der wie ein Rebus — im Sinne der Traumdeutung — zu erschließen wäre. Ein psychotisch gespaltener und fragmentierter Mensch, der sich, um authentisch zu sein, in einander fremde Teile zersplittern muß, ist traumlos und ärmer als einer, der träumen kann. Von da her ist das Ziel psychoanalytischer Arbeit weniger dieses, die einander fremden Teile zu einem kohärenten Selbst wieder- oder neu zu vereinigen, als vielmehr zunächst eine Interaktion zwischen den abgespaltenen Teilen herzustellen. Wenn letzteres in einer psychoanalytischen Situation dazu führt, daß die nach außen verlagerte Fähigkeit des Psychotikers zu träumen, von ihm in Regie genommen wird, dann kann er unter Umständen, die wir vor einer Behandlung nie voraussagen können, einen eigenen Traum entfalten. Psychotisches Kranksein fällt nicht vom Himmel; es ist menschengemacht und folglich Konstruktionen und Rekonstruktionen in therapeutischen Objektbeziehungen zugänglich. Das Konzept von Objektbeziehungen charakterisiert hervorrangend die Dialektik von innen und außen, indem es zwischenmenschliche Beziehungen und verinnerlichte Objektbeziehungen umschließt in einer Ergänzungsreihe mit libidinös und aggressiv besetzten Selbst- und Objektrepräsentanzen. Letzteres vermittelt Konzepte wie Introjektion, Identifizierung und Verinnerlichung mit objektalen und narzißtischen Aspekten der je erlebten Beziehungen. Die vorliegende Arbeit handelt daher von der Psychoanalyse als Ganzer und der psychoanalytischen Behandlung psychotischer Patienten als einem Unternehmen, das psychoanalytisches Arbeiten schwieriger und uns zugleich reicher macht. Der Komparativ „reicher" bezieht sich darauf, daß es noch immer ein ziemlich weit verbreitetes Mißverständnis gibt, die Psychoanalyse habe ihre feste Grenze in der Behandlung fast normaler Patienten. Diejenigen Psychoanalytiker, die heute psychotische Patienten behandeln, gehen auch mit neurotischen Patienten anders um, d.h. bei neurotischen Patienten führt eine Psychoanalyse notwendig zur Durcharbeitung und nicht zur Einklammerung der psychotischen Persönlichkeitsanteile. Denn wenn wir den Arbeiten von M. Klein, W. Bion und D. W. Winnicott folgen, so muß ein relativ normaler gesunder Mensch über ein verrücktes, bzw. psychotisches Selbst in seinem Unbewußten verfügen, sonst ist er nicht lebensfähig; zur Verdeutlichung dieses Gedankens trug Freud dadurch bei, daß er in der Traumdeutung zeigte, daß der Traum eine Psychose ist und zugleich Hüter des Schlafes. Im Anschluß an Bion schreibt Meltzer:

„...Träumen ist Denken; man kann das Traumleben als einen Ort ansehen, den wir im Schlaf aufsuchen, wenn wir unsere Aufmerksamkeit ganz dieser inneren Welt zuwenden können. Der schöpferische Vorgang des Träumens erzeugt den Sinn, den man dann auf das Leben und die Beziehungen anwenden kann. Das bedeutet gewissermaßen, daß all unsere äußeren Beziehungen eine gewisse Übertragungsqualität haben, daß sie ihren Sinn von dem bekommen, was in unserer Innenwelt existiert. Manchmal bekommen sie einen erwachsenen Sinn, so daß der erwachsene Teil unserer Persönlichkeit (durch unsere Identifizierung mit unseren inneren Objekten) anderen Menschen in einer gemeinschaftlichen Phantasie, auf einem erwachsenen Niveau, einer Art Kongruenz innerer Objekte, begegnen kann. Diese Kongruenz innerer Objekte bringt Menschen zusammen, und das Leben in verschiedenen Welten treibt sie auseinander, so daß sie nicht miteinander kommunizieren können“ (Meltzer, D. 1988, S. 50 ff.).

In der vorliegenden Arbeit schreibe ich über verschiedene implizite Voraussetzungen meiner Beiträge zur Theorie der Technik der Behandlung psychotischer Patienten während der letzten zehn Jahre (Teil II); dann entfalte ich die psychoanalytischen Konzepte Melanie Kleins und Winfried Bions, die für meine Arbeit mit psychotischen Patienten wesentlich sind (Teil III), um dann zu speziellen Theorien der Behandlung psychotischer Patienten (Teil IV und V) zu gelangen. Die Theoriesprache, die ich gebrauche, ist eine, die keinen prinzipiellen Unterschied zwischen der Psychoanalyse von Erwachsenen, Adoleszenten und Kindern macht. Im Hinblick auf Erwachsene ist die von mir vertretene Theoriesprache eine, die wesentlich den Standpunkt vertritt, daß wir mehr Kinder- und Adoleszenten-Psychoanalyse für Erwachsene brauchen, als dies aus der Perspektive der sogenannten Standard-Technik als sinnvoll imponiert. Die von mir entwickelte Theorie der Technik ist aber keine aus der Standard-Technik abgeleitete Größe oder gar eine primitive Anwendung der Standard-Technik. Die Standard-Technik hat m.E. keinen logischen Vorrang vor der Elastizität der Technik (Ferenczi), die für die Behandlung psychotischer Patienten angemessen ist. Indem sich die Angemessenheit der Behandlung psychotischer Patienten aufgrund ihres Leidens an einem Mangel als strukturaufbauende Behandlung erweist, bewährt sie sich als Objektbeziehungspsychologie: Wenn wir uns die extreme Abhängigkeit des psychotischen Patienten von seiner Umwelt vorstellen, wird verständlich, daß er über eine so schwache Mitte seiner selbst verfügt, daß er mehr Objekt als Subjekt seiner Wahrnehmungen und Handlungen ist; je übermächtiger und aufdringlicher diese Umwelt, umso mehr konstelliert sich eine völlige Abhängigkeit von ihr: „Mit diesem Terminus ‚Objekt' belegt die Psychoanalyse die ‚Modelle' der Beziehungspersonen, die dem Erleben des Subjektes zugrunde liegen; sicher mit guten Gründen übrigens, denn im Erleben des (werdenden) Subjektes sind die Beziehungspersonen keine Subjekte oder bessere Personen, fehlt ihnen doch der diese auszeichnende ‚Antwort'-Charakter. Sie haben demnach ‚Ding'-Natur, die allerdings weit mehr Resultat der verdinglichenden Erlebnisform des Subjekts (des Kindes) ist als Ausfluß dessen ‚objektiven' So-Seins, obwohl auch eine derartige Möglichkeit in Rechnung zu stellen ist, denn nicht allzu selten verhalten sich die Beziehungspersonen dem Kind gegenüber tatsächlich wie lediglich befehlende Objekte, die physikalisch wirkende Dinge oder Körper und nicht wie Rede und Antwort stehende Personen und verdinglichen dadurch ihr Produkt, ihr Kind" (Loch, W. 1972, S. 359). Der Weg des Psychotikers, mittels seiner Behandlung wenigstens teilweise „Subjekt seiner selbst" zu werden und damit den Status, überwiegend Objekt zu sein, aufzugeben, dieser Weg schließt für die Behandlungen wesentlich ein, daß das psychotische Erleben genügend Platz im Binnenraum der Behandlung bekommt. Wenn die Psychose somit Voraussetzung zur Behandlung der Psychose wird, so ist jener Weg der Behandlung vorgezeichnet, den Bion „katastrophische Veränderung" genannt hat. Als Therapeuten stehen wir für den Weg katastrophischer Veränderung vor dem Problem, nicht nur im psychotischen Patienten einen wesentlichen Teil unserer selbst zu erkennen, sondern uns auf sehr viel Nichtwissen einzulassen. Dieses Nichtwissen kann nur als ein Glauben wirksam werden, der als Gegenkatastrophe Antwort auf die

Katastrophe des Patienten ist und damit Voraussetzung für ein Wissen, das Patient und Analytiker dann miteinander finden und erfinden müssen, wie ich in Teil III dieser Arbeit ausführe. Eine so verstandene Psychoanalyse ist offen für Unvorhergesehenes; wer psychotische Patienten behandelt, kann nicht zuletzt von Winnicott und Bion lernen, wie wichtig es ist, sich von Unvorhergesehenem überraschen zu lassen und selber auch für Überraschungen zu sorgen. Diese pointierte Formulierung steht für einen Begriff der analytischen Technik, die es jedem Therapeuten unmöglich macht, sich hinter objektivierenden Instrumenten und Methoden zu verstecken. Ihr Verfahren ist nicht, zu objektivieren; es ist nur intensiviert zu subjektivieren. Die radikalisierte Rückbeziehung der Reflexion auf das Subjekt kommt notwendig bei der Analyse der objektiven Welt an, weil sich die sogenannte objektive Welt, je verselbständigter sie uns entgegentritt, umso deutlicher als Sammlung abgespaltener Teile unserer selbst erweist: „An der Psychoanalyse ist nichts wahr als ihre Übertreibungen" (Adorno, Th. W. 1969, S. 56).

Katastrophische Veränderungen im Sinne Bions korrespondieren letzten Dingen in uns selbst, über die wir speziell von psychotischen Patienten lernen können. Von diesen letzten Dingen spricht er als einem Ding an sich, das er aber nicht wie Kant in der „Kritik der reinen Vernunft" (Kant, I. 1987) transzendental begreift, sondern als psychisches Ding an sich: Bion zufolge wird die Geburt des Selbst nicht nur am Anfang der psychischen Entwicklung von einem katastrophischen Ursprungsgefühl begleitet, sondern während unseres ganzen Lebens, insofern als die psychische Geburt des Menschen zu allen Zeiten so unvollständig ist, daß Entwicklung und Auflösung des Selbst ständig thematisch sind, bzw. daß emotionales und geistiges Wachstum sich ständig über Prozesse von Integration und Nicht-Integration gestalten. Diese Konstruktion eines psychischen Dinges an sich ist trotzdem gleichermaßen kantisch, insofern als das transzendental konstituierte Ding an sich immer durchs empirische Ich, d.h. letztlich die Formen der Anschauung, vermittelt ist, wenn auch in ihnen nicht restlos aufgeht; außerdem ist dieses psychische Ding an sich ein mystisches in der Nachfolge der Kabbala von Isaac Luria (Bion, W.F. 1966, S. 20): Die Schalen der Schöpfung müssen zerbrechen; erst als wieder und neu Zusammengesetzte vermag die Schöpfung Vollkommenheit zu erreichen (Scholem, G. 1966). Der Kabbalist fragt „ob das Paradies mit der Vertreibung des Menschen nicht mehr verloren hat als der Mensch selber" (Scholem, G. 1957, S. 271). Im Zimzum zieht sich Gott als männlicher Teil seiner selbst zurück, damit seine Schöpfung wachse, zugleich dehnt er sich in der Schöpfung als exilierte Weiblichkeit seiner selbst aus. Die Katastrophe, den Zerstörungsprozeß der Schalen der Schöpfung, bewirkt dieser Auffassung zufolge Gott selbst. Den männlichen Teil der Gottheit (Enzhof) und den weiblichen Teil (Shechina) wieder und neu zusammenzufügen, macht das aus, was später Messianismus genannt wird, und wesentlich davon abhängt, was der Glaube der Menschen als Gegenkatastrophe auf die ihr vorangegangene Katastrophe bewirkt. Was in der Sprache der Mystik angedeutet wird, hat Konsequenzen für die Praxisrelevanz einer klinischen Theorie, die keinen Kodex an Wahrheiten und konkretistischen Handlungsstrategien verkündet, sondern die Kraft erübrigt, eine fragmentarische Sprache zu sprechen: „Denn nur das Fragmentarische an ihr macht die Sprache sprechbar. Die ‚wahre' Sprache kann nicht gesprochen werden, sowenig wie das absolut Konkrete vollzogen werden kann" (Scholem, G. 1977, S. 270). Wie kann ich in der Behandlung eines psychotischen Patienten zu etwas absolut Konkretem in ihm in Beziehung treten, das nicht in ihm bzw. zwischen ihm und mir vollzogen werden kann? Indem ich daran glaube und mich mit diesem Glauben verbünde: Das hat Freud m.E. gemeint, wenn er zum Konstituens jeder Psychoanalyse machte, daß der Analytiker sich mit dem „fiktiven Normal-Ich" (Freud, S. GW XVI, S. 85) seines Patienten verbünden möge, um überhaupt behandeln zu können. Dieses fiktive Normal-Ich ist utopisch unbewußt und entsprechend bilderlos-materialistisch; Unbewußtes ist ansprechbar, aber nicht aussprechbar, es kann nicht gerochen, geschmeckt, aufgespießt, zerschnitten, mit einem statistischen Zollstock vermessen, photographiert, gefilmt oder auf Tonband aufgenommen werden. Es ist einfühlbar und ich kann einen Glauben daran haben, wenn ich ihn habe, d.h. falls meine Wahrnehmung nicht durch zuviel Wissen in meinem Gedächtnis verstopft ist. Diese Offenheit der Wahrnehmung setzt, unabhängig davon, ob ich in einem stationären oder ambulanten Rahmen behandle, strenge unverrückbare Rahmenbedingungen voraus, damit ich die authentische Botschaft des Patienten vernehme und mir kein Bild von ihm mache, das er mir nicht selber andeutet. Das Verbot für den gläubigen Juden, sich von Gott ein Bild zu machen, gilt für den Menschen, insbesondere den Menschen in der Psychoanalyse gleichermaßen. Diese Einstellung schafft zugleich die Öffnung für einen neuen Bildraum, in dem der Patient wachsen kann, und die Strenge eines Differenzerlebnisses, das in dem radikalen Anerkennen des Andersseins des Andern resultiert: Das macht die Menschlichkeit jener vertragsmäßigen Distanz aus, die als Abstinenzregel dem Patienten etwas Gutes gibt und nicht — wie der Begriff der Abstinenz falschermaßen suggeriert — vorenthält; im Lichte dieser Theorie erscheint aseptische Neutralität anstelle realer Parteilichkeit für die Sache des Patienten als Verletzung von Abstinenz, was über die lateinamerikanische Psychoanalyse unter dem Stichwort „vincolo comprometido" (Becker, D. 1989, S. 43 ff.) gegenwärtig mit einer beachtlichen Verzögerung in der Psychoanalyse Europas und Nordamerikas ansatzweise wahrgenommen wird (Becker, H. und Leber, A. 1989 a und b). David Becker pointiert, daß der Begriff „vincolo comprometido" sehr eng verwandt ist mit dem, was wir in Deutschland „...psychoanalytische Sozialarbeit" nennen. ‚Vincolo' auf Deutsch ist ‚Bindung' oder ‚Beziehung' und ‚comprometido' heißt ‚sich einlassen', ‚sich einbinden'. Ich denke, das ist es, was am besten unsere Haltung beschreibt; der „vincolo comprometido" definiert eine ganz bewußte, nicht neutrale und nicht passive Haltung des Therapeuten, der therapiert. Wir glauben, daß Neutralität bei Extremtraumatisierungen erstens eine Lüge ist und zweitens im konkreten Sinne ein schwerer Gegenübertragungsfehler (Becker, D. 1989, S. 48 f.).

Über das Bilderverbot schrieb Freud in „Moses und die monotheistische Religion": „Es ist das Verbot, sich ein Bild von

Gott zu machen, also der Zwang, einen Gott zu verehren, den man nicht sehen kann. Wir vermuten, daß Moses in diesem Punkt die Strenge der Aton-Religion überboten hat... . Aber wenn man dies Verbot annahm, mußte es eine tiefgreifende Wirkung ausüben. Denn es bedeutete eine Zurücksetzung der sinnlichen Wahrnehmung gegen eine abstrakt zu nennende Vorstellung, einen Triumph der Geistigkeit über die Sinnlichkeit, streng genommen einen Triebverzicht mit seinen psychologisch notwendigen Folgen" (Freud, S. 1937, GW XVI, S. 220). Vom ersten Kontakt mit einem psychotischen Patienten gilt es, mittels der Identifizierung mit seinem fiktiven Normal-Ich etwas zu antizipieren, was das Entweder-Oder zwischen dem Chaos der mit machtvollen Trieben ausgestatteten psychotischen Produktionen auf der einen Seite und einer starren Ordnung auf der anderen Seite, in ein Sowohl-Als-auch auflöst: Damit entsteht ein psychischer Ort der Beziehung zwischen Therapeut und Patient, der beiden in einer Beziehung ermöglicht, die Wirkungen von Katastrophe und Glauben zu erforschen. Damit wird deutlich, daß das antizipatorische Moment der Identifizierung mit dem fiktiven Normal-Ich von etwas Utopischem handelt und gleichzeitig eine Setzung im Sinne einer Konstruktion der Deutung darstellt, die der Zähmung der Triebe und einer sich entwickelnden Symbolisierungsfähigkeit dient: Wenn der Patient infolge dieser Antizipation sich zu erkennen geben kann, ohne sich von mir vernichtet zu fühlen, kann es in einem langwierigen analytischen Prozeß gelingen, daß ich sein Gesicht und er mein Gesicht wenigstens zum Teil erfassen kann, weil es in einer wechselseitigen Beziehung gelingt, die Wirkungen von Trennung und Eindringen, in Beziehung treten und Verschmelzen, — verbal und nicht-verbal — zu beobachten und zu kontrollieren. Voraussetzungen und Mechanismen solchen Gelingens kenntlich zu machen, versuche ich in dieser Arbeit. Ich habe in diesem Buch absichtlich komplexe Theorien und Konjekturen in einen für weitere Argumentationen offenen Zusammenhang gebracht; meine Absicht dabei war es, den Leser umfassend an meiner psychoanalytischen Denk- und Arbeitsweise im September 1989 — im Hinblick auf katastrophische Veränderungen — teilnehmen zu lassen und ihn so an die erkenntnisnotwendige Familienähnlichkeit (Wittgenstein, L. passim) zwischen Psychoanalytiker und psychotischem Patienten heranzuführen.

II.

Psychoanalytische Erkenntnis im hermeneutischen Zirkel aller Erkenntnis und Objektbeziehungspsychologie

2.1 Die unteilbare Analyse als Forschungs- und Behandlungsmethode für neurotische und psychotische Patienten

Im Zentrum meiner Arbeit stehen klinische Situationen, die die Scheitelpunkte für emotionales Wachstum psychotischer Patienten beschreiben. Von diesen Patienten sagt Winnicott, daß er mit ihnen keine Analyse machen könnte; ferner formuliert er: „Wenn der Patient keine Psychoanalyse braucht, dann mache ich etwas anderes" (Winnicott, D.W. 1965, S. 217). Dieses „Andere" aber ist sehr wohl auf analytische Reflexion angewiesen und trifft sich natürlich wieder mit Psychoanalyse im engeren und engsten Sinne. Die Psychoanalyse psychotischer Patienten ist folglich keine abgeleitete oder eine minderwertige oder eine speziell reduzierte Anwendung der Psychoanalyse; vielmehr ist diese Psychoanalyse von der Psychoanalyse als Ganzem nicht zu trennen.

Kein Teil der Psychoanalyse ist vom anderen überhaupt zu trennen. Insofern ist die Psychoanalyse unteilbar. Wenn das stimmt, dann können die im Gesamtwerk von Freud sogenannten Revisionen auch nur als Ergänzungen gelesen werden. Die Psychoanalyse ist unteilbar: das heißt, sie ist nicht nur eine Forschungs- und Behandlungsmethode für neurotische Patienten, sondern ebenso für psychotische. Auch wenn wir für verschiedene Patienten verschiedene Settings brauchen, wie z.B. im Falle der Psychoneurosen Zweipersonen-Settings und im Falle von akuten Psychosen Mehrpersonen-Settings, dann ist das psychoanalytische Arbeiten nicht bloß eine primitive Anwendung im Sinne einer Ableitung von der Standardtechnik (Greenson, R. 1960), sondern im besten Falle Ausdruck einer Elastizität der analytischen Technik, die — soweit es sie nicht gibt — erforscht und entwickelt werden muß. Eine solche forschende Entwicklung führt gerade im Umgang mit psychotischen Patienten zu einem Typus psychoanalytischen Arbeitens, der in der BRD, insbesondere in Tübingen, den Namen „psychoanalytische Sozialarbeit" (Becker, St. 1981a und b; 1987; Becker, H. und Nedelmann, C. 1987) hat.

2.2 Körper- und Ich-Gefühl in der Psychose

Hatte Freud die Behandlung neurotischer Patienten mit dem Diktum verknüpft, „wo Es war, soll Ich werden", so gilt für die Arbeit mit psychotischen Patienten gleichzeitig im Sinne einer Ergänzung: „wo Ich war, soll Es werden". Unabhängig davon, ob ein psychotischer Patient akut psychotisch ist, z.B. in einem halluzinatorischen Wahn befangen, in einer katatonen Starre oder Raserei befindlich, oder aber ob er subakut psychotisch, z.B. oberflächlich kompensiert in Erscheinung tritt, auf jeden Fall leidet er darunter, daß er sich nicht als wirklich empfindet. Folgen wir Paul Federns Analyse in „Ich-Psychologie und die Psychosen" (Federn, P. 1956) und neueren Arbeiten (Frosch, J. 1983; Eigen, M. 1986), so ergibt sich eindeutig, daß bei psychotischen Patienten das Erleben ihres Körpers und ihr Ich-Gefühl in einem merkwürdigen Nebeneinander sich befinden. Nicht selten erleben wir viele Emotionen und geistige Fähigkeiten beim psychotischen Patienten eingeschlossen in ein gestörtes Körperschema und daneben unverbunden ein in der Wahrnehmung eingeengtes Ich-Gefühl, oder wir erleben psychotische Patienten mit einem Ich-Gefühl voller Grandiosität und Magie und einem Körper ohne Empfindungen. Wenn wir die Abwehr, die in dieser Spaltung in Erscheinung tritt, in ihrem Doppelcharakter anerkennen, dann begreifen wir, wie nahe Pathologie und versuchte Selbstheilung beieinander liegen, insofern als Spaltung und Fragmentierung einerseits als Tendenz zum Zerfall der Persönlichkeit gelesen werden können, aber immer auch eine Schutzfunktion zum Ausdruck bringen, über die sich derjenige, der sie braucht, als authentisch erlebt. Denn jemand, der einen unerträglichen Schmerz erfährt, verringert das Erleben des Schmerzes, wenn es ihm gelingt, den Schmerz auf viele Teile zu verteilen, in die er sich zerstückelt, wie wir dies von verschiedenen Formen des Persönlichkeitszerfalls bei der schizophrenen Psychose kennen. Wenn ein psychotischer Patient mit mir in eine Verbindung tritt, über die er das Nebeneinander von Körper- und Ich-Gefühl in irgendeiner Weise im Sinne einer anwachsenden Integration ändert, dann ist nicht wachsendes Wohlbefinden die primäre Folge dieses Prozesses, sondern zu allererst stellt sich das Erleben von Schmerz sowie paranoiden und depressiven Ängsten ein. Das hier umrissene Dilemma größter Hilflosigkeit und Bedürftigkeit ist stark daran gebunden, daß sehr viel, was der klassische neurotische Patient hat erfolgreich verdrängen können, um überwiegend normal angepaßt auftreten zu können, entweder gar nicht mehr unbewußt ist oder beim psychotischen Patienten sogar fehlt. Dieses Fehlen charakterisiert sein Leiden als ein Leiden an einem Mangel, der keine Grenze hat. Das Fehlen dieser Grenze gleicht einem schrecklichen Lebenmüssen, ohne sterben zu können (Feuling, M. 1989, S. 85 / 87). Aus dem hier umrissenen Dilemma kommt der psychotische Patient nur heraus über die Hilfe eines bzw. mehrerer signifikanter Anderer. Was macht das Vermögen dieser signifikanten Anderen, psychoanalytisch mit dem psychotischen Patienten zu arbeiten, aus? Etwas, was sie wissen und können, und vieles, was sie nicht wissen und insbesondere das Umgehen mit dem Nichtwissen, das zur Voraussetzung hat, sich vorübergehend von allem Wissen zu trennen. In dieser Arbeit will ich den Versuch machen, über einige Dinge, die ich weiß, zu schreiben, um dann die Entfaltung des Nichtwissens vorzustellen, wie sich Wissen und Nichtwissen irgendwann wieder ergänzen, insbesondere wenn es um einen bestimmten Höhepunkt der Grenze der Behandlung geht, nämlich ihre Beendigung.

2.3 Schreiben als Forschungs- und Trauerprozeß

Das Schreiben über psychotische Patienten stellt eine besondere Form der Erinnerungsarbeit dar, bei der ich in einen neuen inneren Dialog mit den Patienten trete. Der Prozeß des Schreibens selber stellt eine Distanz zum Gegenstand der Erkenntnis her, die nur gelingt, soweit Forschungs- und Trauerprozeß eins sind. Hans Keilson hat in seinem Buch über „Sequentielle Traumatisierung" (Keilson, H. 1979) verdeutlicht, daß er dieses Buch schreiben mußte, um in einem Trauerprozeß über sein eigenes Schicksal und das Schicksal der jüdischen Kriegswaisen in Holland so weit trauern zu können, daß es ihm wieder möglich wurde, nach allem was passiert war, den Kadisch, das jüdische Totengebet, zu sprechen. Nicht umsonst steht unter dem Titel dieses Buches auf der ersten Seite „anstelle eines Kadisch". Beim Schreiben merke ich, wie eng „Erinnern, Wiederholen und Durcharbeiten" (Freud, S. 1914, GW X, S. 126) mit einer Trauerarbeit verknüpft ist, die notwendig ist, weil sonst nicht ertragen werden kann, daß die Entwicklung von etwas Neuem das Aufgebenmüssen bzw. den Verlust von etwas altem Gewohnten involviert. Möglicherweise sind alle Forschungs- und Behandlungssituationen Prozesse, bei denen pathologische Trauer in normale zu überführen ist (Volkan, V. 1981). Das gilt insbesondere für die Psychoanalyse der Psychoanalyse selber: "... as Freud puts it, individuals suffer from amnesias, and then invent more paramnesias to fill the gaps. It would be so nice, if it were only patients who did it. And so fortunate if we did not. It is just as well to bear in mind the possibility that we, as psychoanalysts, are dealing with a most extra-ordinary thing — a personality, a character. You cannot touch it, smell it or feel it, and if you are at all tired and more than usually ignorant, it is useful to reach out for the nearest paramnesia that is handy, the nearest psychoanalytic theory that you find lying about. What if the whole of psycho-analysis turned out to be one of the vast elaboration of a paramnesia, something intended to fill the gap — the gap of our frightful ignorance?" (Bion, W.R. 1976, S. 243 ff.).

2.4 Mit Freud gegen eine reduktionistische Empirie: Objektbeziehungspsychologie als Konsequenz

Methodisch sind wir Freud verpflichtet, von etwas zu handeln, das in sich so sehr zerrissen ist, daß es sich der systematischen Harmonie einer reduktionistischen Empirie entzieht, insbesondere der Erzeugung statistischer Datenfriedhöfe, und diese verschmäht. Daß diese Verschmähung aber selbst den wissenschaftlichen Zweck einer nichtreduktionistischen Erkenntnis verfolgt, wird innerhalb der Psychoanalyse explizit verständlich, spätestens seitdem diese als Objektbeziehungspsychologie reformuliert wird. Nedelmann und Jappe führten aus, „daß die Psychoanalyse der Objektbeziehungen sich der Systematik besonders widersetzt. Die Vorstellung von einem psychischen Apparat läßt eine Darstellung der einzelnen Teile zu. Die Strukturtheorie sowie die Ichpsychologie gestatten von daher eine gewisse Systematik der Darstellung. Für die Abwehrlehre gilt das, insoweit wir an die Beschreibung der Abwehrmechanismen im engeren Sinne denken. Wenn wir aber einen Schritt weitergehen und an eine vorgeschobene Position der Technik denken, in der Übertragung als Widerstand, also Abwehr gelesen wird, dann haben wir mehr das Ganze der Theorie zu berücksichtigen. Dies gilt ebenso für die Libidotheorie, die ja implizite schon das Ganze der Psychoanalyse enthält. Überall dort, wo die Psychoanalyse das Gebiet deskriptiver Psychologie verläßt, und wo täte sie das nicht, hat sie es mit der Beziehung auf das Objekt zu tun; dieses aber erlangt seine Bedeutung durch die Triebe, die wiederum ihre Schicksale am und durch das Objekt erfahren. Eine vollständige Darstellung der Psychoanalyse der Objektbeziehungen wäre daher eine vollständige Darstellung der Psychoanalyse überhaupt." (Jappe, G., Nedelmann, C., 1980, S. 13).

2.5 Zum Junktim zwischen Forschen und Behandeln

Ich hege ein tiefes Mißtrauen gegenüber psychoanalytischen Forschungen, in denen viel geschrieben und komplizierte metapsychologische Modelle konstruiert werden, aber aus sehr unterschiedlichen Gründen eine scharfe Trennung zwischen wissenschaftlichen Äußerungen und alltäglicher psychoanalytischer Praxis gemacht wird. Warum soll nicht der wissenschaftliche Begriff zur subjektiven Erfahrung kommen und umgekehrt die subjektive Erfahrung den Begriff verwandeln, der den Namen Wissenschaft trägt? Hierauf bezieht sich, was Freud (Freud, S., 1912, S. 380; Freud, S., 1927, S. 360) den Ruhmestitel analytischer Arbeit nannte, nämlich die *Einheit von Forschung und Behandlung*. Gerade von psychotischen Patienten können wir lernen, wie schnell wir als Therapeuten verzweifeln müssen und wie wichtig es ist, uns als Forscher zu erhalten, um vom Psychotiker etwas zu lernen, was wir als therapeutisches Vorwissen gar nicht haben können; erst in einem weiteren Schritt können wir dann wieder Therapeuten werden, aber andere Therapeuten als wir zuvor waren oder zu sein glaubten.

An dieser Stelle pointiert sich die Frage: Wie kommen wir in der Psychoanalyse zu Erfahrungen, die in wissenschaftlichen Systematisierungsversuchen einen zweiten Ausdruck der Empirie hervorbringen, d.h. eine Theorie nicht oberhalb der Lebensverhältnisse zweier oder mehrerer Personen, die mit Übertragung und Widerstand und einem sehr spezifizierten institutionellen Rahmen bzw. Setting arbeiten, sondern innerhalb des Ensembles der miteinander analytisch umgehenden Personen? Deshalb soll hier dem Zusammenhang von bestimmten theoretischen Abstraktionen und Abstraktionen in der sozialen Wirklichkeit zwischen Analytiker und Patient nachgegangen werden. Dabei kommt es darauf an, einerseits die klinische Empirie in ihrer ganzen Komplexität als unmittelbare Theorie generierende intelligible Struktur zu begreifen und auf der anderen Seite das je vorgängig wirksame Erklärungswissen der Psychoanalyse in seiner Interaktion mit der intelligiblen Struktur der klinischen Situation zu entfalten. Wenn uns das gelingt, dann verwirklichen wir mit Freud: „Der Fortschritt der Erkenntnis duldet aber auch keine Starrheit der Definitionen. Wie das Beispiel der Physik in glänzender Weise lehrt, erfahren auch die in Definitionen festgelegten

‚Grundbegriffe' einen stetigen Inhaltswandel" (Freud, S. 1915, S. 211) und neue Erfahrungen fordern neue Begriffe, sowie womöglich die Verwerfung alter Termini... „Wir dürfen andererseits aber sicher sein, daß die Methode, die Technik und bestimmte Prinzipien, wie der epigenetische Entwicklungsgedanke, wie die Tatsache der unbewußten Determinierung, des psychischen Verhaltens, also der dynamische, der ökonomische und der strukturelle Begriff und nicht zuletzt der adaptive Gesichtspunkt stets eine wesentliche Rolle spielen werden, um psychische Phänomene und Ereignisse in ihrer Herkunft, ihrem Sosein und ihrem Wandel einer wissenschaftlichen Erforschung zugänglich zu machen, was bezüglich der Psychoanalyse immer und unabdingbar einschließt, daß mit psychischen Phänomenen auch im Sinne einer therapeutischen Zielsetzung umgegangen werden kann. Sigmund Freud nannte das das ‚Junktim', das ‚zwischen Heilen und Forschen' besteht" (Freud, S. 1926, S. 293) (Loch, W., 1989, S. 61).

2.6 Metapsychologie und Topik — die Bilder der Ahnen in uns.

Folgt man Habermas' Kritik an Freuds szientistischem Selbstmißverständnis der Metapsychologie (Habermas, J., 1968, S. 303 ff.), so liest sich psychoanalytische Metapsychologie scheinbar wie eine Mechanik der menschlichen Seele; in der ihm damals zur Verfügung stehenden Neuronen-Sprache schreibt Freud 1896 an Wilhelm Fließ: „Du weißt, ich arbeite mit der Annahme, daß unser psychischer Mechanismus durch Aufeinanderschichtung entstanden ist, indem von Zeit zu Zeit das vorhandene Material von Erinnerungsspuren eine *Umordnung* nach neuen Beziehungen, eine *Umschrift* erfährt. Das wesentlich Neue an meiner Theorie ist also die Behauptung, daß das Gedächtnis nicht einfach, sondern mehrfach vorhanden ist, in verschiedenen Arten von Zeichen niedergelegt... Wie viele solcher Niederschriften es gibt, weiß ich nicht. Mindestens drei, wahrscheinlich mehr. Dazu folgendes Schema, welches annimmt, daß die einzelnen Niederschriften auch nach ihren Neuronenträgern gesondert sind (nicht notwendig topisch). Die Annahme ist vielleicht nicht notwendig, aber doch die einfachste und vorläufig zulässig.

		I		II		III[3]		
W		*Wz*		*Ub*		*Vb*		*Bews*
XX	----	XX	----	XX				
					----	XX	----	XX
X		XX		X		X		X
				X				

W sind Neuronen, in denen die *Wahrnehmungen* entstehen, woran sich Bewußtsein knüpft, die aber an sich keine Spur des Geschehenen bewahren. *Bewußtsein und Gedächtnis schließen sich nämlich aus. Wz* ist die erste Niederschrift der Wahrnehmungen, des Bewußtseins ganz unfähig, nach Gleichzeitigkeitsassoziation gefügt. *Ub* (Unbewußtsein) ist die zweite Niederschrift, nach anderen, etwa Kausalbeziehungen angeordnet. *Ub* Spuren würden etwa Begriffserinnerungen entsprechen, ebenfalls dem Bewußtsein unzugänglich. *Vb* (Vorbewußtsein) ist die dritte Umschrift, an Wortvorstellungen gebunden, unserem offiziellen Ich entsprechend. Aus diesem *Vb* werden die Besetzungen nach gewissen Regeln bewußt, und zwar ist dieses sekundäre *Denkbewußtsein* ein der Zeit nach nachträgliches, wahrscheinlich an die halluzinatorische Belebung von Wortvorstellungen geknüpft, so daß die Bewußtseinsneuronen wieder Wahrnehmungsneuronen und an sich ohne Gedächtnis wären. Wenn ich die psychologischen Charaktere der Wahrnehmung und der drei Niederschriften vollständig angeben könnte, hätte ich damit eine neue Psychologie beschrieben...

Ich will hervorheben, daß die aufeinanderfolgenden Niederschriften die psychische Leistung von sukzessiven Lebensepochen darstellen. An der Grenze von zwei solchen Epochen muß die Übersetzung des psychischen Materials erfolgen. Die Eigentümlichkeiten der Psychoneurosen erkläre ich mir dadurch, daß die Übersetzung für gewisse Materien nicht erfolgt ist, was gewisse Konsequenzen hat. Wir halten ja an der Tendenz zur quantitativen Ausgleichung fest. Jede spätere Überschrift hemmt die frühere und leitet den Erregungsvorgang von ihr ab. Wo die spätere Überschrift fehlt, wird die Erregung nach den psychologischen Gesetzen erledigt, die für die frühere psychische Periode galten, und auf den Wegen, die damals zu Gebote standen. Es bleibt so ein Anachronismus bestehen, in einer gewissen Provinz gelten noch ‚Fueroi'; es kommen *‚Überlebsel'* zustande.

Die Versagung der Übersetzung, das ist das, was klinisch ‚Verdrängung' heißt. Motiv derselben ist stets eine Unlustentbindung, die durch Übersetzung entstehen würde, als ob diese Unlust eine Denkstörung hervorriefe, die die Übersetzungsarbeit nicht gestattet.

Innerhalb derselben psychischen Phase und unter Niederschriften derselben Art macht sich eine *normale* Abwehr wegen Unlustentwicklung geltend — pathologische Abwehr gibt es aber nur gegen eine noch nicht übersetzte Erinnerungsspur aus früherer Phase". (Freud, S. an Wilhelm Fließ 1896, in: Freud S., 1962, S. 151 ff.).

Es ist heute nicht leicht, aus einer solchen schwierigen Formulierung Freuds zu erkennen, daß die hier vorgetragene metapsychologische Theorie aus einer analytischen Situation hergeleitet sein soll, das heißt, einer speziellen Arbeit mit Übertragung und Widerstand von mindestens zwei Personen: Freud und Fließ. Die genauere historische Untersuchung des Briefwechsels von Freud mit Fließ bestätigt, daß der Dialog zwischen Freud und Fließ eine sehr komplexe analytische Übertragungs-Gegenübertragungsbeziehung, wie wir das in moderner Terminologie heute formulieren würden, gewesen sein muß, und daß es der Ertrag der Analyse von Freud selber zuzurechnen ist, daß Freud schon zum Zeitpunkt der oben zitierten Passage auf eine zwar versteckte, aber für ihn selbst klare Weise verstand, daß in den psychischen Instanzen immer mehrere Personen und damit mehrere Realitäten zusammenwohnen. Wenn ich hier von Personen spreche, mache ich keinen Unterschied zwischen ganzen Personen und Teilen von

Personen. Die aus dieser frühen Metapsychologie sich immer spezifischer herauskristallisierende Topik konstruiert eine Anzahl von Systemen verschiedenster Eigenschaften und/oder Funktionen, die als besondere Reihenfolgen wie psychische Orte betrachtet werden können. Das Unbewußte, Vorbewußte und Bewußte, ebenso wie das Es, das Ich und das Über-Ich, lassen sich in der Metaphorik psychischer Orte begreifen, was die Vorstellung einer je typischen Raumzeitlichkeit eben dieser Orte ermöglicht. Hier sind die Grundsteine für eine Theorie gelegt, derzufolge wir immer in mehreren Welten gleichzeitig leben, was später von Klein und Bion und anderen ausgearbeitet werden konnte. Falls wir — im Bild der Topik bleibend — an diese Orte gehen könnten, träfen wir auf die Welt, in der Unheimliches und Unbewußtes eins sind und begegneten den Gesichtern dessen, der noch nicht ist, sowie den Gesichtern unserer Ahnen. Diese Orte hat Benedetti „Todeslandschaften der Seele" genannt (Benedetti, G. 1983 passim). Den Gesichtern dessen, der noch nicht ist, korrespondiert das *Unbewußte als noch nicht und noch nie Bewußtes*, d.h. dieses stellt in der Dimension der Topik einen virtuellen Raum dar; den Gesichtern der Ahnen als die außer Eltern und Geschwistern, worin die uns vorangegangenen Generationen zu sehen sind, korrespondiert das Unbewußte als verdrängtes Bewußtes. Von den unbewußten Gesichtern der Ahnen in uns, der Summe aller in uns wirksamen internalisierten Objektbeziehungen — dem „Alp auf den Gehirnen der Lebenden" — schrieb Marx (Marx, K. 1885) im Kontext: „Die Menschen machen ihre eigene Geschichte, aber sie machen sie nicht aus freien Stücken, nicht unter selbstgewählten, sondern unter unmittelbar vorgefundenen, gegebenen und überlieferten Umständen. Die Tradition aller toten Geschlechter lastet wie ein Alp auf dem Gehirne der Lebenden. Und wenn sie eben damit beschäftigt scheinen, sich und die Dinge umzuwälzen, noch nicht Dagewesenes zu schaffen, gerade in solchen Epochen revolutionärer Krise beschwören sie ängstlich die Geister der Vergangenheit zu ihrem Dienste herauf, entlehnen ihnen Namen, Schlachtparole, Kostüm, um in dieser altehrwürdigen Verkleidung und mit dieser erborgten Sprache die neue Weltgeschichtsszene aufzuführen“ (Marx, K. 1885, S. 15). Marx umreißt in dem hier vorgestellten Zitat das, was Freud 1920 in „Jenseits des Lustprinzips“ Wiederholungszwang nannte, dessen unbewußte Schranken zu überwinden Gegenstand psychoanalytischer Aufklärungsarbeit — damals wie heute — ist. Ohne daß der gesamtgesellschaftliche Bezug theoretisch explizit beim Namen genannt wird, schrieb Freud über das Unbewußte, daß es das „eigentlich reale Psychische“ (Freud, S. 1900, S. 617) sei. Hier verdeutlicht sich, daß dieses reale Psychische „uns nach seiner inneren Natur so unbekannt wie das Reale der Außenwelt, und uns durch die Daten des Bewußtseins ebenso unvollständig gegeben wie die Außenwelt durch die Angaben unserer Sinnesorgane“ (Freud, S. 1900, II/III, S. 617). Was sich bei Freud in der Metapsychologie als mechanische Eigenschaften des Subjektes lesen läßt, ist folglich auf den historischen Charakter von Naturgesetzen, d.h. zu Naturgesetzen verdichteten und verdinglichten psychosozialen Gesetzen in den zwischenmenschlichen Beziehungen zurückzuführen, deren intrapsychischer Niederschlag im Sinne einer gebrochen repräsentatorischen Abbildung der äußeren Welt ins Subjekt Gegenstand psychoanalytischer Arbeit ist: Die Metapsychologie auf diese Weise intersubjektivitätstheoretisch zu begreifen, ist aber nur möglich, wenn sie als Theorie der psychoanalytischen Technik reformuliert wird. Zum gegenwärtigen Zeitpunkt erscheint mir für eine solche Reformulierung die Objektbeziehungspsychologie Lochs, Balints, Kleins, Winnicotts und Bions am weitesten zu führen.

2.7 Die fünf sich zwingend ergänzenden Gesichtspunkte der Metapsychologie als Voraussetzung einer Beschreibung von Pathologie und Normalität

In die Konstruktion einer solchen Reformulierung der Metapsychologie gehen fünf wesentliche Gesichtspunkte ein (Loch, W. 1989): 1. der dynamische, der von den Kräften des Unbewußten und Bewußten handelt; 2. der ökonomische, der vom Mit- und Gegeneinanderwirken von Kräften, was durch eine ‚Energiebilanz' ausgedrückt werden kann, handelt bzw. von Sexualität als Libido-Ökonomie, bzw. den ‚reinen' Energiequanten bzw. ‚Sachvorstellungen' (Freud, S. 1895 passim, in Freud, S. 1962); 3. Der strukturelle in Termini von Es, Ich und Über-Ich, d.h. jenen konstanzgewinnenden Momentaufnahmen von Objektbeziehungen; der Begriff des Ich formuliert immer eine Legierung aus Unbewußt und Bewußt und das Ich setzt als Struktur ihm zugrunde liegende Internalisierungen von Objektbeziehungen voraus; 4. Der genetische, d.h. die auf Reifung und Entwicklung zielenden Perspektiven; 5. Der adaptive, demzufolge alles in soziopsychobiologische Umweltbezüge eingebunden ist. Die vier ersten Gesichtspunkte sind wesentlich von Freud in „Jenseits des Lustprinzips" (Freud, S. 1920, S. 3 ff.) gebraucht worden; der letzte ist zunächst in einer verdinglichenden Weise von Heinz Hartmann (Hartmann, H. 1975) vor allem in die nordamerikanische Psychoanalyse eingeführt worden, insbesondere über den Terminus einer „durchschnittlich zu erwartenden Umwelt", derzufolge insbesondere die Natürlichkeit des nordamerikanischen Kapitalismus' und seiner Kultur zur fixen Naturkonstante erklärt wird, während E. H. Erikson (1950, 1953 und 1964), und noch nachdrücklicher D. W. Winnicott (1965) eine antibiologische und historisierende Konstruktion von Umweltbezügen im Sinne einer aktiven Anpassung (s. Parin, P. 1977, S. 78 ff.) vertreten, die erkenntnistheoretisch mit Ansätzen der Aneignungstheorie (Wigotski, L. 1966) koinzidieren.

Die hier knapp skizzierten fünf Gesichtspunkte der Metapsychologie sind so zu verstehen, daß in jedem einzelnen alle anderen aufgehoben gedacht werden müssen. Im Umgang mit klinischem Material findet die geringste Komplexitätsreduktion statt, wenn alle Aspekte Berücksichtigung finden, als Prinzipien psychischen Geschehens, das die je individuelle Pathologie und Normalität begreift im Sinne einer „dichten Beschreibung" (Elkana, Y., 1986 passim).

2.8 Die Übersetzung der fünf Gesichtspunkte der Metapsychologie in eine Theorie der therapeutischen Objektbeziehung — Zur sozialwissenschaftlichen Relevanz klinischer Theorie

Die Voraussetzung für eine solche dichte Beschreibung ist an das wirksame intersubjektivitätstheoretische Übersetzen dieser Gesichtspunkte in eine Theorie der therapeutischen Objektbeziehung gebunden. Wenn es stimmt, daß der dynamische, ökonomische und strukturelle Gesichtspunkt im Genetischen und Adaptiven aufgehoben werden kann, d.h. im Hegel'schen Sinne vor allen Dingen aufgehoben im Sinne von bewahrt und höhergehoben (Hegel, G. W. 1970), dann entspricht in Termini der Theorie der Technik der adaptive Gesichtspunkt dem dynamisch kommunikativen Ansatz und der genetische dem historisch-genetischen Ansatz in Forschung und Behandlung: Der historisch-genetische Ansatz handelt von der funktionellen bzw. therapeutischen Regression in Verbindung mit Erinnern, Wiederholen, Durcharbeiten und der dynamisch-kommunikative von den Übertragungs-Gegenübertragungsbeziehungen. Nun wissen wir aus den analytischen Forschungs- und Behandlungssituationen, daß wir von Übertragungs-Gegenübertragungsbeziehungen nicht unabhängig vom Niveau der funktionellen Regression handeln können, und umgekehrt, daß von funktioneller Regression unabhängig von Übertragung und Gegenübertragung nichts Vollständiges von den psychischen Realitäten des Patienten begriffen werden kann. Das Ganze der therapeutischen Objektbeziehungen läßt sich daher nur als überwiegend unbewußt determiniertes Interaktionsgeschehen ineins mit allen wirksamen somatopsychischen Ergänzungsreihen vom Psychischen ins Somatische und vom Somatischen ins Psychische fassen, wie Freud insbesondere in „Hemmung, Symptom und Angst“ ausführt (Freud, S. 1926, XIV, passim).

Auch von Freuds kulturtheoretischen Schriften kommend kann gefragt werden, wie deren hermeneutisches Unternehmen in den bisher hier gemachten Überlegungen zur Metapsychologie und Theorie der Technik unterzubringen ist. Dieses Problem ist nicht dadurch zu lösen, daß man psychoanalytische Theorien als psychologische Theorien begreift, denen irgendwelche kulturtheoretische und/oder soziologische, karge Zusätze hinzuzufügen wären; vielmehr muß die radikale Erforschung der menschlichen Subjektivität so weit vorangetrieben werden, daß sie bei der Analyse gesellschaftlicher Objektivität ankommt und diese nicht ausklammert. Von daher empfiehlt es sich, die klinischen Schriften Freuds gründlich auf die historisch-sozialwissenschaftliche Substanz zu untersuchen, die in ihnen enthalten ist, auch dann, wenn Freud eine der Physik nahestehende Sprache spricht: Eine einseitige Lektüre der kulturtheoretischen Schriften Freuds lenkt m.E. von einer solchen kritischen Sichtung der sozialwissenschaftlichen Relevanz des Freud'schen Gesamtwerkes ab.

2.9 Teilbestimmte physikalische Begriffe bei Freud: Über die Schwierigkeit, Naturerkenntnis im hermeneutischen Zirkel aller Erkenntnis zu begreifen — Die Natur, die wir selber sind

Habermas unterstellte Freud ein szientivistisches Selbstmißverständnis; damit hypostasierte er eine eingeschränkte Sichtweise des Verständnisses von Naturwissenschaft bei Freud; Freud arbeitete mit teilbestimmten physikalischen Begriffen, die Elkana in seiner Arbeit „Die Entlehnung des Energiebegriffes in der Freud'schen Psychoanalyse" (Elkana, Y. 1986) in wesentlichen Übereinstimmungen mit Robert Holt nachgewiesen hat. In einer sehr verkürzten Sichtweise gibt es eine Nähe des Freud'schen Vorgehens zum wissenschaftlichen Realismus Bacons vor seinen Vulgarisierungen im 18. und 19. Jahrhundert. Demzufolge ist für Elkana klar, ..." daß Freud nicht etwa konfus ist, sondern vielmehr bewußt einen auf Wechselwirkung begründeten Realismus akzeptierte, demzufolge wir unsere eigenen begrifflich-theoretischen Vorstellungen auf die Natur anwenden, von unseren Befunden korrigiert werden, die entsprechend abgewandelten Vorstellungen an Freud erneut anwenden und so weiter. Damit folgen wir der Art und Weise, in der Bacon Wissenschaft betreiben wollte, Whewell die beschriebene Wissenschaft beschrieb und Einstein tatsächlich arbeitete." (Elkana, Y. 1986, S. 395 ff.). Die Fruchtbarkeit von Freuds teilbestimmtem Begriff von Energie für die Psychoanalyse faßt Holt so zusammen: „Wann immer es in den Aufbaujahren seiner Theorien notwendig wurde, sich mit somatischen Vorgängen wie etwa Konversionssymptomen zu beschäftigen, redete Freud ohne weiteres so, als sei die Besetzungsenergie nicht psychisch, sondern physikalisch-neutral. Es ist sein fortwährendes Verdienst und für die Psychoanalytiker von großem Vorteil, daß Freud immer dann, wenn es die Tatsachen verlangten — sogar faule Tatsachen, bei denen es um die Verbindung zwischen dem abstrakten Geist und einem schwerfälligen, übelriechenden, affektgeschüttelten, ungebärdigen Körper geht — auf eine psychosomatische Sicht des Organismus als Ganzem zurückgriff. Wenn er konsequent geblieben wäre, wenn er auf einer reinen Psychologie bestanden hätte, innerhalb derer ein konsistenter Begriff psychischer Energie durchaus denkbar gewesen wäre, dann hätte die Psychoanalyse ihren Hauptanspruch auf wissenschaftliches Interesse eingebüßt: daß nämlich sie allein alle Fakten über menschliche Wesen in Betracht zieht — ihre geheimen Wünsche, ihre somatischen Leiden und Lüste, die vordringlich somatische Natur von Verhalten und Denken" (Holt, G. 1968, S. 209). Die Frage Elkanas an die Psychoanalytiker lautet: „Könnte die Psychoanalyse den Begriff der psychischen Energie in solcher Weise ersetzen, daß sie der Freudschen Epistemologie weiterhin treu zu bleiben vermag? Können wir, wenn ja, den sozialen Kontext erklären, in dem die Freudsche Epistemologie entstand, und ließe sich der neue Begriff, der an die Stelle der psychischen Energie treten soll, durch eine Untersuchung dieses Kontexts entdecken?" (Elkana, Y., S. 397). Zum gegenwärtigen Zeitpunkt ist der Gebrauch teilbestimmter physikalischer Begriffe als Konstrukte in Verbindung mit der von mir angedeuteten Reformulierung der Metapsychologie als Theorie der Technik die beste Voraussetzung für einen wissenschaftlichen Realismus der Psychoanalyse im Unterschied zu Reduktionen, wie sie z.B. aus der Erfindung einer neuen psychoanalytischen Sprache von Roy Schäfer (Schäfer, R. 1986) oder der Arbeit von Habermas (Habermas, J. 1968) resultieren: Habermas überinterpretiert speziell eine Formulierung Freuds, die sehr gut für Mißverständnisse geeignet ist: „Die Zukunft mag uns lehren, mit besonderen chemischen Stoffen die Energiemengen und deren Verteilung im seelischen Apparat direkt zu beeinflussen; ... vorläufig steht uns nichts Besseres zu Gebote als die psychoanalytische Technik..." (Freud, S. 1940, Band XVII, S. 108). Habermas folgert daraus: „Freilich verrät schon dieser Satz, daß eine technologische Auffassung der Analyse nur mit einer Theorie zusammenstimmt, die sich von dem kategorialen Rahmen der Selbstreflexion löst und ein auf Bildungsprozesse passendes Strukturmodell durch ein Energieverteilungsmodell ersetzt hat. Solange die Theorie ihrem Sinne nach auf die Rekonstruktion eines verlorenen Stückes Lebensgeschichte und somit auf Selbstreflexion bezogen bleibt, ist ihre Anwendung notwendig praktisch. Sie bewirkt die Reorganisation des umgangssprachlich strukturierten handlungsorientierenden Selbstverständnisses von vergesellschafteten Individuen. In dieser Rolle kann aber die Psychoanalyse niemals durch Technologien, die aus anderen, im strengen Sinne erfahrungswissenschaftlichen Theorien gewonnen sind, ersetzt werden. Denn die Psychopharmakologie führt nur in dem Maße Bewußtseinsveränderungen herbei, als sie über Funktionen des menschlichen Organismus wie über vergegenständlichte Naturprozesse verfügt. Die durch Aufklärung induzierte Erfahrung der Reflexion ist hingegen der Akt, durch den sich das Subjekt aus einer Stellung, in der es sich zum Objekt geworden war, gerade löst" (Habermas, J. 1968, S. 302). In dieser wie in anderen Passagen wehrt sich Habermas gegen das naturwissenschaftliche Denken Freuds; dabei entgeht ihm, daß wir die Natur, die wir selber sind, nicht aus dem hermeneutischen Zirkel aller Erkenntnis ausschließen dürfen, weil sonst auch alle Anstrengungen der Selbstreflexion körperlos bzw. entlibidinisiert werden.

2.10 Die hermeneutische Nähe Freuds zum Pragmatismus von Peirce und zum Wissenschaftsverständnis von Einstein

Wir verdanken Freud den Zugang zur Psychoanalyse als einem Forschungs- und Behandlungsverfahren, bei dem nicht Krankheiten, sondern ganze Personen behandelt werden. Habermas verweist zu recht in dem hier zitierten Text und an vielen Stellen auf den Patienten als Subjekt der Deutung im analytischen Prozeß. Wenn das skrupulöse Umgehen mit teilbestimmten Begriffen im Kontext einer immer reicher werdenden klinischen Erfahrung und deren korrektiven Konsequenzen dazu geführt hätte, daß zu Freuds Zeiten auch Medikamente als Parameter der analytischen Behandlung zum Tragen gekommen wären, wäre dann nicht auch ein Patient als Subjekt seiner Medizierung und nicht als Objekt zu denken, wie dies eine psychoanalytisch fundierte Medizierung heute zwingend nahelegt (Günter, M. und Becker, St. 1989). Aus Kenntnis des Gesamtwerkes Freuds kann ich nicht erkennen, daß seine Ausführungen über die Beeinflussung des seelischen Apparates mittels chemischer Stoffe mehr ist als eine Mutmaßung. Ohne Mutmaßungen, Phantasien, Intuitionen oder „Geistesblitze“ kann niemand wissenschaftlich arbeiten, nur daß nicht in allen wissenschaftlichen bzw. zu wenigen wissenschaftlichen Arbeiten heute davon explizit gehandelt wird. In diesem Kontext erweist sich der wissenschaftliche Realismus Freuds in einer hermeneutischen Nähe zum Pragmatismus von Charles S. Peirce (1878, 1903). Bei Peirce wird die erkenntnistheoretische und methodologische Dichotomisierung von Naturwissenschaften, Geisteswissenschaften und Sozialwissenschaften beinahe bedeutungslos. Peirce hat die Entwicklung von Theorien und Hypothesen anhand dessen entfaltet, was er Induktion, Deduktion und Abduktion nennt: „Um eine Induktion handelt es sich, wenn wir eine Anzahl von Fällen, für die etwas wahr ist, verallgemeinern und schließen, daß dasselbe von der ganzen Klasse wahr ist. Oder, wenn wir finden, daß etwas Bestimmtes in einem gewissen Verhältnis von Fällen wahr ist, und schließen, daß es im selben

Verhältnis von der ganzen Klasse wahr ist. Um eine Hypothese handelt es sich, wenn wir einen sehr seltsamen Umstand finden, der durch die Unterstellung erklärt würde, daß es ein Fall einer bestimmten allgemeinen Regel ist, und wenn wir daraufhin jene Unterstellung akzeptieren" (1903, in 1970, S. 376). An dieser Stelle gebraucht Peirce den Begriff der Regel im Kontext der Explikation von bisher nicht erklärten Umständen. Es geht ihm hier um neue Erkenntnis, die zunächst einmal nur in Form vager Vermutung begriffen werden kann. Wie es dazu kommt, nennt er den abduktiven Schluß: „Die Abduktion ist der Vorgang, in dem eine erklärende Hypothese gebildet wird. Es ist das einzige logische Verfahren, das irgendeine neue Idee einführt, denn die Induktion bestimmt einzig und allein einen Wert, und die Deduktion entwickelt nur die notwendigen Konsequenzen einer reinen Hypothese. Die Deduktion beweist, daß etwas der Fall sein *muß*; die Induktion zeigt, daß etwas tatsächlich wirksam *ist*; die Abduktion vermutet bloß, daß etwas der Fall sein mag. Ihre einzige Rechtfertigung liegt darin, daß die Deduktion aus ihrer Vermutung (suggestion) eine Vorhersage ziehen kann, die durch Induktion getestet werden kann, und daß es, sollen wir überhaupt jemals etwas lernen oder ein Phänomen verstehen, die Abduktion sein muß, durch die das zustande zu bringen ist" (1903, in: 1970, II, S. 362). Was Peirce hier vorschlägt widerspricht den Kriterien formaler Logik des wissenschaftlichen Prozesses, wie sie z.B. Popper in seiner „Logik der Forschung" (Popper, K.R. 1960) vorschlägt, weil Popper das Verfahren, Interpretationen über Zusammenhänge auf der Basis vorläufiger Vermutungen zu erzeugen, ablehnt. In seinem Spätwerk „Conjectures and Refutations" (Popper, K.R. 1969) relativiert er aber diese Auffassung stark. Peirce beschreibt abduktives Schließen als Erkenntnisschritt, der in der Regel mit einer Intensität der Gefühle verbunden ist, die für das erkennende Subjekt etwas wie ein Akt der Einsicht verkörpert: „Die abduktive Vermutung (suggestion) kommt uns wie ein Blitz. Sie ist ein Akt der Einsicht, obwohl extrem fehlbarer Einsicht. Zwar waren die verschiedenen Elemente der Hypothese schon vorher in unserem Verstande; aber erst die Idee, das zusammenzubringen, welches zusammenzubringen wir uns vorher nicht hätten träumen lassen, läßt die neu eingegebene Vermutung vor unserer Betrachtung aufblitzen" (Peirce, II, S. 366). Für Physiker wie Einstein (Einstein, A. 1979) ist das, was Peirce Abduktion nennt, in den Begriffen der Intuition und der freien Erfindung beim Namen genannt. In seiner Arbeit „Physik und Realität" (1936, in: Einstein, A., 1979, S. 63 ff.) schreibt er, „daß die Gesamtheit der Sinneserlebnisse zu beschaffen ist, daß sie durch das Denken (Operieren mit Begriffen und Schaffung und Anwendung bestimmter funktioneller Verknüpfungen zwischen diesen, sowie Zuordnung der Sinneserlebnisse zu den Begriffen) geordnet werden können, ist eine Tatsache, über die wir nur staunen, die wir aber niemals werden begreifen können. Man kann sagen: Das ewig Unbegreifliche an der Welt ist ihre Begreiflichkeit. Daß die Setzung einer realen Außenwelt ohne jene Begreiflichkeit sinnlos wäre, ist eine der großen Erkenntnisse Immanuel Kants.

Wenn hier von Begreiflichkeit die Rede ist, so ist dieser Ausdruck zunächst in seiner bescheidensten Bedeutung gemeint. Er bedeutet: Durch Schaffung allgemeiner Begriffe und Beziehungen zwischen diesen Begriffen sowie durch irgendwie festgelegte Beziehungen zwischen Begriffen und Sinneserlebnissen irgendeine Ordnung herstellen. In diesem Sinne ist die Welt unserer Sinneserlebnisse begreifbar, und daß sie es ist, ist ein Wunder."... „Die Wissenschaft braucht die ganze Mannigfaltigkeit der primären, d.h. unmittelbar mit Sinneserlebnissen verknüpften Begriffe sowie der sie verknüpfenden Sätze. In ihrem ersten Entwicklungsstadium enthält sie nichts weiter. Auch das Denken des Alltags begnügt sich im großen ganzen mit dieser Stufe. Diese kann aber einen wirklich wissenschaftlich eingestellten Geist nicht befriedigen, da die so gewinnbare Gesamtheit von Begriffen und Relationen der logischen Einheitlichkeit völlig entbehrt. Um diesem Mangel abzuhelfen, erfindet man ein begriffs- und relationsärmeres System, welches die primären Begriffe und Relationen der ‚ersten Schicht' als logisch abgeleitete Begriffe und Relationen enthält. Dieses neue ‚sekundäre System' erkauft die gewonnene höhere logische Einheitlichkeit mit dem Umstande, daß seine an den Anfang gestellten Begriffe (Begriffe der „zweiten Schicht“) nicht mehr unmittelbar mit Komplexen von Sinneserlebnissen verbunden sind... Ein Anhänger der Abstraktionsbzw. Induktionstheorie würde die vorgenannten Schichten ‚Abstraktionsstufen‘ nennen. Ich halte es aber für unrichtig, die logische Unabhängigkeit der Begriffe gegenüber den Sinneserlebnissen zu verschleiern; es handelt sich nicht um eine Beziehung wie die der Suppe zum Rindfleisch, sondern eher wie die der Garderobennummer zum Mantel.

Ferner sind die Schichten nicht klar gegeneinander abgegrenzt. Nicht einmal die Zugehörigkeit als Begriff zur primären Schicht ist völlig scharf. Es handelt sich hierbei eben um frei gebildete Begriffe, die mit einer für die Anwendung hinreichenden Sicherheit mit Komplexen von Sinneserlebnissen intuitiv verknüpft sind, so daß bei dem Konstatieren des Zutreffens oder Nicht-Zutreffens eines Satzes für einen besonderen Erlebnisfall (Experiment) keine Unsicherheit besteht.“ (Einstein, A. 1936, S. 63 ff.) „Physik ist ein in Entwicklung begriffenes logisches Gedankensystem, dessen Grundlage nicht durch eine induktive Methode aus den Erlebnissen herausdestilliert, sondern nur durch freie Erfindung gewonnen werden kann. Die Berechtigung (Wahrheitswert) des Systems liegt in der Bewährung von Folgesätzen an den Sinneserlebnissen, wobei die Beziehung der letzteren zu ersteren nur intuitiv erfaßbar ist. Die Entwicklung vollzieht sich in der Richtung wachsender Einfachheit des logischen Fundamentes. Um diesem Ziele näher zu kommen, müssen wir uns damit abfinden, daß die logische Grundlage immer erlebnisferner und der gedankliche Weg von den Grundlagen bis zu jenen Folgesätzen, welche ihr Korrelat in Sinneserlebnissen finden, immer beschwerlicher und länger wird.“ (Einstein, A. 1936, S. 105 ff.) Die Relativitätstheorie Einsteins geht von finiten Mengen von Verhältnissen aus, die zu einer infiniten Menge von Gegenständen führt; diese Auffassung konstruiert ein Universum, das einen Anfang und ein Ende hat, beginnend mit der Singularität eines Urknalls. Die Quantentheorie Max Plancks hingegen geht von einer finiten Menge von Gegenständen aus, die zu einer infiniten Menge von Verhältnissen führt. Aus psychoanalytischer Sicht brauche ich beide philosophische Systeme; die Verbindung beider Systeme führt zu Unschärfen, die unverzichtbar sind: „Die Unschärferelation bereitete dem Laplaceschen Traum von einem absolut deterministischen Modell des Universums ein jähes Ende: Man kann künftige Ereignisse nicht exakt voraussagen, wenn man noch nicht einmal in der Lage ist, den gegenwärtigen Zustand des Universums genau zu messen! Nur für ein übernatürliches Wesen, das den gegenwärtigen Zustand des Universums beobachten kann, ohne auf ihn einzuwirken, könnten Naturgesetze erkennbar sein, die alle Ereignisse vollständig determinieren. Doch solche Modelle des Universums sind ohne großes Interesse für uns normale Sterbliche. Wir sollten... lieber ... alle Elemente der Theorie herausschneiden, die sich nicht beobachten lassen. Dieser Ansatz veranlaßte Heisenberg, Erwin Schrödinger und Paul Dirac in den Zwanziger Jahren dazu, die Mechanik zu revidieren, so daß eine neue Theorie entstand, die Quantenmechanik, die auf der Unschärferelation beruht. In dieser Theorie haben Teilchen nicht mehr getrennte, genau definierte Positionen und Geschwindigkeiten, die sich nicht beobachten lassen, sondern nehmen stattdessen einen Quantenzustand ein, der eine Kombination aus Position und Geschwindigkeit darstellt.

Grundsätzlich sagt die Quantenmechanik nicht ein bestimmtes Ergebnis für eine Beobachtung voraus, sondern eine Reihe verschiedener möglicher Resultate, und sie gibt an, mit welcher Wahrscheinlichkeit jedes von ihnen eintreffen wird. Mit anderen Worten: Nähme man die gleiche Messung einer großen Zahl ähnlicher Systeme mit gleichen Anfangsbedingungen vor, so erhielte man in einer bestimmten Zahl von Fällen das Ergebnis A, in einer anderen Zahl von Fällen das Ergebnis B und so fort. Man könnte annähernd die Häufigkeit des Ergebnisses A oder B vorhersagen, aber es wäre unmöglich, das spezifische Ergebnis einer einzelnen Messung zu prognostizieren. Die Quantenmechanik führt also zwangsläufig ein Element der Unvorhersagbarkeit oder Zufälligkeit in die Wissenschaften ein“ (Hawking, St. 1988, S. 77 ff.). In der Nachfolge von Einstein und Heisenberg führt uns Hawking zu einem Verständnis, demzufolge das Universum, in dem wir leben, bzw. meinen zu leben, höchst unwahrscheinlich ist: Er selber stellt nämlich die ursprünglich von ihm selbst entwikkelte Auffassung eines Urknalls theoretisch und empirisch in Frage, sodaß sich das geschlossene System eines Universums mit Grenzen in ein Universum ohne Grenzen auflöst. „Um vorhersagen zu können, wie das Universum begonnen hat, brauchen wir Gesetze, die auch für den Anbeginn der Zeit gelten. Wenn die klassische allgemeine Relativitätstheorie richtig ist, so folgt aus den Singularitätstheoremen, die Roger Penrose und ich bewiesen haben, daß der Anfang der Zeit ein Punkt von unendlicher Dichte und unendlicher Krümmung der Raumzeit war. Alle bekannten Naturgesetze würden an einem solchen Punkt ihre Gültigkeit verlieren. Man könnte annehmen, daß sich neue Gesetze finden lassen, die auch für Singularitäten gelten, doch es wäre schwer, Gesetze für Punkte mit so extremen Eigenschaften auch nur zu formulieren und unsere Beobachtungen würden uns keinerlei Hinweis auf die mögliche Beschaffenheit solcher Gesetze geben... Noch gibt es keine vollständige und widerspruchsfreie Theorie, in der Quantenmechanik und Gravitation zusammengefaßt wären. Wir wissen jedoch mit ziemlicher Sicherheit von einigen Eigenschaften, die eine solche einheitliche Theorie haben müßte... Die Wahrscheinlichkeit, daß z.B. der Weg des Teilchens durch einen bestimmten Punkt führt, wird ermittelt, indem man die Wellen addiert, die mit jeder möglichen durch diesen verlaufenden Geschichte verknüpft sind. Versucht man jedoch, diese Summen tatsächlich auszurechnen, so sieht man sich mit erheblichen technischen Schwierigkeiten konfrontiert. Die einzige Möglichkeit, sie zu umgehen, besteht darin, daß man der folgenden merkwürdig klingenden Anweisung folgt: Man addiere die Wellen von Teilchengeschichten, die nicht in der ‚wirklichen', von Ihnen und mir erlebten Zeit liegen, sondern in der sogenannten imaginären Zeit. Die imaginäre Zeit mag sich nach Science fiction anhören, ist aber tatsächlich ein genau definierter mathematischer Begriff. Wenn wir eine natürliche (oder reelle) Zahl nehmen und sie mit sich selbst multiplizieren, so erhalten wir eine positive Zahl. (So ist 2 mal 2 = 4, genauso auch -2 mal -2). Es gibt jedoch besondere Zahlen (man bezeichnet sie als imaginär), die negative Zahlen ergeben, wenn man sie mit sich selbst multipliziert. (Eine von ihnen heißt i; multipliziert man i mit sich selbst, so erhält man -1; 2 i mit sich selbst malgenommen ergibt -4 und so fort). Um die technischen Schwierigkeiten der Feynmannschen Aufsummierung von Möglichkeiten (Pfadintegralmethode) zu vermeiden, muß man sich der imaginären Zeit bedienen... Für die Berechnung der Zeit muß man die Zeit nicht mit realen, sondern mit imaginären Zahlen messen.

Das hat für die Raumzeit einen interessanten Effekt: Der Unterschied zwischen Zeit und Raum verliert sich vollständig. Eine Raumzeit, in der Ereignisse imaginäre Zahlenwerte auf der Zeitkoordinate besitzen, wird euklydisch genannt, nach dem griechischen Mathematiker, der die Geometrie zweidimensionaler Flächen begründet hat. Die euklydische Raumzeit ist diesen Flächen sehr ähnlich, nur hat sie vier Dimensionen und nicht zwei. In der euklydischen Raumzeit gibt es keinen Unterschied zwischen der Zeitrichtung oder der Richtung des Raumes. Dagegen läßt sich dieser Unterschied in der wirklichen Raumzeit, in der Ereignisse durch gewöhnliche reale Zahlenwerte auf der Zeitkoordinate repräsentiert werden, ohne Schwierigkeiten angeben — die Zeitrichtung liegt auf allen Punkten innerhalb des Zeitkegels, während die Raumrichtungen außerhalb liegen. In allen Fällen, welche die alltägliche Quantenmechanik betreffen, ist die imaginäre Zeit und die euklydische Raumzeit ein bloßes mathematisches Werkzeug (oder ein Trick), um bestimmte Lösungen zur realen Raumzeit zu berechnen... In der klassischen Gravitationstheorie, die auf realer Raumzeit beruht, gibt es für das Verhalten des Universums nur zwei Möglichkeiten: Entweder es existiert seit unendlicher Zeit oder es hat zu einem bestimmten Zeitpunkt in der Vergangenheit mit einer Singularität begonnen. In der Quantentheorie der Gravitation ergibt sich dagegen noch eine dritte Möglichkeit. Da man euklydische Raumzeiten verwendet, in denen sich die Zeitrichtung nicht von den Richtungen im Raum unterscheidet, kann die Raumzeit endlich in der Ausdehnung sein und doch keine Singularitäten aufweisen, die ihre Grenze oder ihren Rand bilden. Die Raumzeit ist dann wie die Oberfläche der Erde, nur daß sie zwei Dimensionen mehr aufweist. Die Erdoberfläche ist endlich in der Ausdehnung, besitzt aber keine Grenze und keinen Rand. Wer in den Sonnenuntergang hineinsegelt, fällt von keinem Rand und trifft auf keine Singularität... Gott mag wissen, wie das Universum begonnen hat, aber wir können keinen triftigen Grund für die Annahme nennen, daß es eher auf die eine als auf die andere Weise begonnen hat. Dagegen hat die Quantentheorie der Gravitation die Möglichkeit eröffnet, daß die Raumzeit keine Grenze hat. Es wäre also gar nicht notwendig, das Verhalten an der Grenze anzugeben... Man könnte einfach sagen: Die Grenzbedingung des Universums ist, daß es keine Grenze hat" (Hawking, St. 1988, S. 169 ff.).

Die metaphysischen und ästhetischen Implikationen dieser modernsten physikalischen Theorie eröffnen Deutungsperspektiven der Welt, die die Multiplizität von Bedeutungen in einem groß angelegten ernsten Erkenntnisspiel avisieren.

2.11 Warum ist psychoanalytisches Verstehen nicht auf Selbstreflexion zu reduzieren?

Ich habe solche Passagen aus Einsteins und Hawkings Werk zitiert, die die Naturwissenschaft im Zirkel aller Erkenntnis verstehbar macht, um mich dem Problem der Natur, die wir selber sind, im Hinblick auf die Antinomien in Habermas' Freud-Verständnis weitergehend zu nähern: Indem Habermas die Naturwissenschaft bei Freud aus der Psychoanalyse herauswerfen möchte und gleichzeitig aber an einer Theorie der Behandlung festhält, regrediert er auf die Spaltung in der Hermeneutik Wilhelm Diltheys, derzufolge wir die Natur erklären und den Menschen verstehen. Dem Auseinanderreißen von Verstehen und Erklären korrespondiert bei Habermas die Reduzierung des psychoanalytischen Verfahrens auf ein procedere der Selbstreflexion im Sinne der Hegel'schen „Phänomenologie des Geistes" (Hegel, G.W. 1970). Bei Hegel ist die Selbstreflexion an die Bewegung der Anerkennung gebunden; die Selbstreflexion findet eben nicht im Solipsismus einer

Black Box statt, sondern in Beziehung bzw. in Abarbeitung an einem Anderen, d.h. über die Bewegung der Aneignung (Hegel, G.W. 1970): Ohne diese kommunikative Vermittlung fehlte auch solipsistischen Verstehensversuchen der Selbstreflexion ihr „ipse". Die Natur, die wir selber sind, konstelliert sich psychoanalytisch gesprochen als Triebe und Objekte; „Die Triebe sind eine theoretische Konstruktion. Sie sind keine direkte Beschreibung von Wirklichkeit" (Denker, R. 1974, S. 22). Nun können wir über Triebe an sich schlecht handeln, weil wir, wenn, dann über Triebe als Triebschicksale reden müssen, die immer in Verbindung mit Objekten stehen. Nicht nur schaffen die Triebe die Objekte, wie sich die ältere Theorie der Psychoanalyse teilweise liest, sondern die Objekte schaffen die Triebe oder noch pointierter: Da sich von einem Trieb an sich schlecht handeln läßt, muß davon ausgegangen werden, daß in Eros und Todestrieb immer schon Objekte eingegangen sind: „Stark wie der Tod ist Liebe. Stark wie der Tod? Gegen wen denn erweist der Tod seine Stärke? Gegen den, den er ergreift. Und die Liebe — gewiß, sie ergreift beide, den Liebenden wie die Geliebte. Aber die Geliebte anders als den Liebenden. Im Liebenden nimmt sie ihren Ursprung. Die Geliebte wird ergriffen, ihre Liebe ist schon Antwort auf das Ergriffensein, Anteros des Eros jüngerer Bruder. Der Geliebten zunächst gilt es, daß Liebe stark ist wie der Tod. Wie nur dem Weibe, nicht dem Manne die Natur es gesetzt hat, an der Liebe sterben zu dürfen. Was von der zwiefachen Begegnung des Menschen mit seinem Selbst gesagt wurde, gilt streng und allgemein nur dem Manne. Dem Weibe, und gerade dem weiblichsten am meisten, kann auch Thanatos in des Eros süßem Namen nahen. Deswegen, um dieses fehlenden Gegensatzes willen, ist ihr Leben einfacher als das des Mannes. Ihr Herz ist schon in den Schauern der Liebe festgeworden; es bedarf der Schauer des Todes nicht mehr. Ein junges Weib kann reif zur Ewigkeit sein, wie ein Mann erst, wenn Thanatos seine Schwelle beschreitet. Den Tod der Alkestis stirbt kein Mann. Das Weib, einmal von Eros gerührt, ist, was der Mann erst in Fausts hundertjährigem Alter: bereit zur letzten Begegnung, — stark wie der Tod" (Rosenzweig, F. 1988, S. 174).

Wenn aber die Natur, die wir selber sind, und das sind insbesondere Triebe und Objekte, aus dem analytischen Verstehenshorizont herausfallen, dann ist die Bewegung der Anerkennung auch nicht mit dem verbunden, womit sie bei Hegel verbunden ist, nämlich der Bewegung der Aneignung. Die Bewegung der Aneignung entspricht dem, was die Psychoanalyse „Eroberungsarbeit" (Balint, M. 1969 passim) nennt: Die Bewegung der Anerkennung ohne die Bewegung der Aneignung ist wie genitale Sexualität ohne prägenitale Zärtlichkeit; ich verwende an dieser Stelle diese bestimmte psychoanalytische Terminologie, weil die theoretischen Abstraktionen bei Habermas Abstraktionen der von ihm konstruierten sozialen Wirklichkeit entsprechen; diese Abstraktionen handeln jedenfalls von einer sozialen Wirklichkeit, die unsinnlich, unerotisch und körperlos ist. Letzteres sind Zeugnisse für das, was von Marx, Freud über Sartre bis Lacan mit dem Thema „Entfremdung" zusammenhängt, was Habermas teilweise begreift, aber dort nicht weiter untersucht, wo die Analyse der beschädigten Sinnlichkeit der Welt seinen von Unbewußtheit, von Sexualität und Körperlichkeit gereinigten Diskurs torpediert. Diesen bei Habermas fehlenden Reflexionszusammenhang stellt Freud allerdings für sich und seine Forschung her. Zitat: „Man hat ... versucht, die wissenschaftliche Bemühung radikal zu entwerten durch die Erwägung, daß sie, an die Bedingungen unserer eigenen Organisation gebunden, nichts anderes als subjektive Ergebnisse liefern kann, während ihr die wirkliche Natur der Dinge außer uns unzugänglich bleibt. Dabei setzt man sich über einige Momente hinweg, die für die Auffassung der wissenschaftlichen Arbeit entscheidend sind, daß unsere Organisation, d.h. unser seelischer Apparat, eben im Bemühen um die Erkundung der Außenwelt entwickelt worden ist, also ein Stück Zweckmäßigkeit in seiner Struktur realisiert haben muß, daß er selbst ein Bestandteil jener Welt ist, die wir erforschen sollen, und daß er solche Erforschung sehr wohl zuläßt, daß die Aufgabe der Wissenschaft voll umschrieben ist, wenn wir sie darauf einschränken zu zeigen, wie uns die Welt infolge der Eigenart unserer Organisation erscheinen muß, daß die endlichen Resultate der Wissenschaft gerade wegen der Art ihrer Erwerbung nicht nur durch unsere Organisation bedingt sind, sondern auch durch das, was auf diese Organisation gewirkt hat, und endlich, daß das Problem einer Weltbeschaffenheit ohne Rücksicht auf unseren wahrnehmenden seelischen Apparat eine leere Abstraktion ist, ohne praktisches Interesse. Nein, unsere Wissenschaft ist keine Illusion" (Freud, S. 1927, S. 380).

2.12 Psychoanalytische Kulturtheorie

Während Habermas letztlich in einer Theorie oberhalb der Lebensverhältnisse und nicht in den Lebensverhältnissen beschwört, daß das erkennende Subjekt, was eigentlich auch heißen müßte, er selbst mit Körper, durch die Akte des Erkennens hindurch dem Gegenstand seiner Erkenntnis zugehört, stellt Freud diesen Zusammenhang individuell und gesamtgesellschaftlich her, indem er die Brechungen zwischen subjektiver und objektiver Verdinglichung als ökonomischen und sexuellen Unterdrückungszusammenhang expliziert: „Die Kenntnis der neurotischen Erkrankungen einzelner Menschen hat für das Verständnis der großen sozialen Institutionen gute Dienste geleistet, denn die Neurosen selbst enthüllten sich als Versuche, die Probleme der Wunschkompensation individuell zu lösen, welche durch die Institutionen sozial gelöst werden sollen" (Freud, S. 1913, S. 416) und: „Alle Kulturgeschichte zeigt nur, welche Wege die Menschen zur Bindung ihrer unbefriedigten Wünsche einschlagen unter den wechselnden und durch technischen Fortschritt veränderten Bedingungen der Gewährung und Versagung von seiten der Realität" (Freud, S. GW VIII, S. 415). Letzteres spezifiziert Freud: „Die menschliche Kultur — ich meine all das, worin sich das menschliche Leben über seine animalischen Bedingungen erhoben hat und worin es sich vom Leben der Tiere unterscheidet — und ich verschmähe es, Kultur und Zivilisation zu trennen — zeigt dem Beobachter bekanntlich zwei Seiten. Sie umfaßt einerseits all das Wissen und Können, das die Menschen erworben haben, um die Kräfte der Natur zu beherrschen und ihr Güter zur Befriedigung der menschlichen Bedürfnisse abzugewinnen, anderseits alle die Einrichtungen, die notwendig sind, um die Beziehungen der Menschen zueinander, und besonders die Verteilung der erreichbaren Güter zu regeln. Die beiden Richtungen der Kultur sind nicht unabhängig voneinander, erstens, weil die gegenseitigen Beziehungen der Menschen durch das Maß der Triebbefriedigung, das die vorhandenen Güter ermöglichen, tiefgreifend beeinflußt werden, zweitens, weil der einzelne Mensch selbst zu einem anderen in die Beziehung eines Gutes treten kann, insofern dieser seine Arbeitskraft benützt oder ihn zum Sexualobjekt nimmt, drittens aber, weil jeder Einzelne virtuell ein Feind der Kultur ist, die doch ein allgemeinmenschliches Interesse sein soll" (Freud, S. 1927, S. 326 ff).

2.13 Psychoanalytische Klinik und Kritik der Gesellschaft: Erkenntnistheorie und Erkenntnispraxis

So wie bei Marx Erkenntnistheorie und Erkenntnispraxis im Verständnis von Revolution koinzidieren, so fallen Forschung und Behandlung in der Psychoanalyse zusammen: Psychoanalyse intendiert — soziologisch gesprochen — einen interaktiven Aufklärungsprozeß über die subjektive Produktion und Reproduktion objektiver Verdinglichung. Einem solchen Aufklärungsprozeß folgt Habermas bis an die Grenze, an der Psychoanalyse und kritische Theorie der Gesellschaft sich ergänzen, um dann ganz merkwürdig genau an der Stelle abzubrechen, wo psychoanalytische Forschung und radikale Gesellschaftskritik sich empirisch treffen könnten: „Freud hatte zwischen Bedürfnis und Interesse unterschieden. Bedürfnisdispositionen sind Bestandteile des ‚Es'; von Interessen sprechen wir, wenn Motivationen an Ichfunktionen gebunden sind. Paradox ausgedrückt: Interessen sind Ich-Bedürfnisse. Von dieser Unterscheidung ausgehend können wir die erkenntnisleitenden Interessen den Ich-Funktionen zuordnen. Die Realitätsprüfung beruht auf einer kognitiven Leistung, die sich im Funktionskreis instrumentellen Handelns und der intelligenten Anpassung an externe Lebensbedingungen entfaltet. Diesem operationalen Lernen von erfolgskontrollierten Verhaltensregeln entspricht das technische Erkenntnisinteresse an der Erweiterung der Verfügungsgewalt über vergegenständlichte Prozesse. Die Triebzensur hingegen setzt eine kognitive Leistung voraus, die sich in Interaktionszusammenhängen auf dem Wege der Identifikation und Verinnerlichung bildet. Diesem moralischen Lernen von sozialen Rollen entspricht das praktische Erkenntnisinteresse an der Sicherung der Intersubjektivität der Verständigung. Die Synthese schließlich von Es und Über-Ich, also die Integration von unbewußten Anteilen in das Ich vollzieht sich durch eine kognitive Leistung, die in pathologischen Zusammenhängen einer spezifisch verzerrten Kommunikation entsteht. Diesem selbstreflexiven Lernprozeß entspricht das emanzipatorische Erkenntnisinteresse an der Aufhebung von Repression und falschem Bewußtsein. Freilich müssen wir uns bei einer Zuordnung der erkenntnisleitenden Interessen zu Ichfunktionen im Rahmen des Strukturmodells bewußt bleiben, daß eben dieses Modell von Ich, Es und Über-Ich aus Erfahrungen der Reflexion gewonnen ist und daher auf metatheoretischer Ebene liegt. Solange das klar ist, kann eine Interpretation der erkenntnisleitenden Interessen in Begriffen der Metapsychologie einer kurzschlüssigen Psychologisierung des Zusammenhangs von Erkenntnis und Interesse keinen Vorschub leisten. Andererseits ist mit einer solchen Interpretation nicht viel gewonnen, denn eine weitergehende Analyse der erkenntnisleitenden Interessen zwingt dazu, die Metapsychologie, überhaupt den Boden der Forschungslogik zu verlassen und auf den objektiven Zusammenhang der Gattungsgeschichte zurückzugehen. Wiederum zeigt sich, daß Erkenntnistheorie nur als Gesellschaftstheorie durchgeführt werden kann“ (Habermas, J. 1968, S. 352). Soll der Rekurs der Analyse auf den objektiven Zusammenhang der Gattungsgeschichte im Äther des reinen Gedankens sich vollziehen, ohne in Berührung mit den verkrusteten materiellen Verhältnissen in der hier und jetzt vorfindlichen gesellschaftlichen Empirie zu geraten? Freud gibt hierauf eine vorläufige Antwort: „Bei den Einschränkungen, die sich nur auf bestimmte Klassen der Gesellschaft beziehen, trifft man auf grobe und auch niemals verkannte Verhältnisse. Es steht zu erwarten, daß diese zurückgesetzten Klassen den Bevorzugten ihre Vorrechte beneiden und alles tun werden, um ihr eigenes Mehr von Entbehrung los zu werden. Wo dies nicht möglich ist, wird sich ein dauerndes Maß von Unzufriedenheit innerhalb dieser Kultur behaupten, das zu gefährlichen Auflehnungen führen mag. Wenn aber eine Kultur es nicht darüber hinaus gebracht hat, daß die Befriedigung einer Anzahl von Teilnehmern die Unterdrückung einer anderen, vielleicht der Mehrzahl, zur Voraussetzung hat, und dies ist bei allen gegenwärtigen Kulturen der Fall, so ist es begreiflich, daß diese Unterdrückten eine intensive Feindseligkeit gegen die Kultur entwickeln, die sie durch ihre Arbeit ermöglichen, an deren Gütern sie aber einen zu geringen Anteil haben... Es braucht nicht gesagt zu werden, daß eine Kultur, welche eine so große Zahl von Teilnehmern unbefriedigt läßt und zur Auflehnung treibt, weder Aussicht hat, sich dauernd zu erhalten, noch es verdient" (Freud, S. 1927, S. 333). An dieser Stelle pointiert Freud die Psychoanalyse im Kontext einer kritischen Gesellschaftstheorie, die auf die Auflösung irrationaler Herrschaft abzielt, indem sie dazu beiträgt, die „affektiven Grundlagen des Kulturgehorsams durch rationelle zu ersetzen" (Freud, S. 1927, S. 369).

2.14 Erkenntnispathologie und soziale Pathogenese der Schizophrenie

Die Rationalität, von der Freud spricht, ist aber selber in das Schicksal der Dialektik der Aufklärung, (Adorno, Th. W. und Horkheimer, M. 1946), d.h. der Ambivalenz des gesamtgesellschaftlichen Fortschritts verfilzt. Dabei wirken die Antinomien z.B. in Habermas' Denken Spaltungen und Zerschneidungen der Subjektivität erzeugend und zugleich aber imponieren seine schlechten Abstraktionen in ihrer spalterischen Tendenz als bewußtlose Abbilder einer weltweit verbreiteten Tendenz zur Spaltung: „Das, wodurch die Subjekte in sich selber als Produktionsmittel und nicht als lebende Zwecke bestimmt sind, steigt wie der Anteil der Maschinen gegenüber dem variablen Kapital. Die geläufige Rede von der ‚Mechanisierung' des Menschen ist trügend, weil sie diesen als ein Statisches denkt, das durch ‚Beeinflussung' von außen, Anpassung an ihm äußerliche Produktionsbedingungen gewissen Deformationen unterliege. Aber es gibt kein Substrat solcher ‚Deformationen', kein ontisch Innerliches, auf welches gesellschaftliche Mechanismen von außen bloß einwirkten: die Deformation ist keine Krankheit an den Menschen, sondern die der Gesellschaft, die ihre Kinder so zeugt, wie der Biologismus auf die Natur es projiziert: sie, ‚erblich belastet'. Nur indem der Prozeß, der mit der Verwandlung von Arbeitskraft in Ware einsetzt, die Menschen samt und sonders durchdringt und jede ihrer Regungen als eine Spielart des Tauschverhältnisses a priori zugleich kommensurabel macht und vergegenständlicht, wird es möglich, daß das Leben unter den herrschenden Produktionsverhältnissen sich reproduziert. Seine Durchorganisation verlangt den Zusammenschluß von Toten. Der Wille zum Leben sieht sich auf die Verneinung des Willens zum Leben verwiesen: Selbsterhaltung annuliert Leben an der Subjektivität... Die Eigenschaften, von der echten Freundlichkeit bis zum hysterischen Wutanfall, werden bedienbar bis sie schließlich ganz in ihrem situationsgerechten Einsatz aufgehen. Mit ihrer Mobilisierung verändern sie sich. Sie bleiben nur noch als leichte, starre und leere Hülsen von Regungen zurück, beliebig transportabler Stoff, eigenen Zuges bar. Sie sind nicht mehr Subjekt, sondern das Subjekt richtet sich auf sie als ein inwendiges Objekt. In ihrer grenzenlosen Gefügigkeit gegens Ich sind sie diesem zugleich entfremdet: als ganz passive nähren sie es nicht länger. Das ist die gesellschaftliche Pathogenese der Schizophrenie. Die Trennung der Eigenschaften vom Triebgrund sowohl wie vom Selbst, das sie kommandiert, wo es vormals bloß zusammenhielt, läßt den Menschen für seine anwachsende innere Organisation mit anwachsender Desintegration bezahlen." (Adorno, Th. W. 1969, S. 307 ff.) Die Entlibidinisierung der Psychoanalyse ist folglich in ihrer Konsequenz nichts anderes als die wissenschaftliche Verdopplung jener im Individuum heute vollendeten Arbeitsteilung, die auf seine radikale Objektivation im Sinne einer kranken Aufspaltung abzielt. „Daher der ‚psychotische Charakter', die anthropologische Voraussetzung aller totalitären Massenbewegungen. Gerade der Übergang fester Eigenschaften in einschnappende Verhaltensweisen — scheinbar Verlebendigung — ist Ausdruck der steigenden organischen Zusammensetzung. Quickes Reagieren, ledig der Vermittlung durchs Beschaffensein, stellt nicht Spontaneität wieder her, sondern etabliert die Person als Meßinstrument, disponibel und ablesbar für die Zentrale... So sind denn auch die biologischen Reflexe, Modelle der gegenwärtigen gesellschaftlichen, gemessen an Subjektivität ein Gegenständliches, Fremdes: nicht umsonst heißen sie oft ‚mechanisch'. Je näher Organismen dem Tod, umso mehr regredieren sie auf Zuckungen. Danach wären die Destruktionstendenzen der Massen, die in den totalitären Staaten beider Spielart explodieren, nicht so sehr Todeswünsche wie Manifestationen dessen, wozu sie schon geworden sind. Sie morden, damit ihnen gleicht, was lebendig ihnen dünkt" (Adorno, Th.W. 1969, S. 310 ff).

2.15 Weitere Erkenntnispathologie: Versuchte Vivisektion an einem toten Objekt

Einen anderen blinden Reflex gegenüber den Spaltungstendenzen im gesamtgesellschaftlichen Rahmen bilden im Hinblick auf die Psychoanalyse die Untersuchungen von Grünbaum, der keifend polemisch gegen die hermeneutische Auffassung der psychoanalytischen Theorie und Therapie vorgeht. (Grünbaum, A. 1988) Thomä und Kächele (1985 und 1988) sind Grünbaum erkenntnistheoretisch verpflichtet, gehen allerdings moderater vor: Sie bemühen sich, alles was gut und teuer in der Psychoanalyse ist, von Mythen zu reinigen; dabei verfallen sie wie alle Autoren, die von der Dialektik aus Aufklärung und Mythos nichts wissen wollen, erst recht in Mythen eines immer primitiver werdenden Empirismus und schreiben eine Sammlung von Kochrezepten der psychoanalytischen Therapie zusammen, die die Psychoanalyse als eine kognitive Verhaltenstherapie fungibel macht. Die polemische Zerschlagung des Freudschen Junktims von Forschen und Behandeln und die Einführung von Tonbändern in den analytischen Prozeß stört nicht nur den Übertragungs-Gegenübertragungsprozeß, sondern isoliert von den fünf Sinnen einen oder im Falle der Videotapes zwei: Hören und Sehen. Den linguistischen Datenfriedhöfen verstümmelter Psychoanalysen entspricht die als kognitive Verhaltenstherapie umfunktionierte Psychoanalyse. In der Ausschließlichkeit ihrer Forschung auf zu erzeugendes therapeutisches Änderungswissen via Transkriptanalysen hört der Analysand auf, Subjekt seiner Behandlung zu sein, und zugleich entpuppt sich die Ausschließlichkeit des Vorgehens von Thomä und Kächele als unendliche Berührungsangst den realen Patienten gegenüber. Es ist kein Zufall, daß die Behandlung psychotischer Patienten aus ihrem Lehrbuch herausfällt, ebenso wie die objektbeziehungspsychologisch fundierte psychosomatische Medizin (Stephanos, S. 1979 passim) in derselben Universität Ulm. Die Intimität und Intensität, mit der Thomä und Kächele Teile ihrer Datenfriedhöfe methodisch traktieren, imponiert als absurdes Unternehmen, Vivisektion an einem toten Objekt zu versuchen. Thomäs und Kächeles theoretische und methodische Naivität löst bei mir die Angst aus, die mich befällt, wenn mir notorisch gewalttätige Menschen begegnen, die weder Schuldgefühle noch Angst haben. Ich glaube, das sogenannte „Ulmer Modell" ist heute in Deutschland die sauberste Methode, Freuds Werk immer wieder neu zu verbrennen.

2.16 Versuch und Grenze eines Ausweges aus einer das beschädigte Leben verdoppelnden Erkenntnispathologie

Die Konstruktion der Gesellschaft, die mit der Freud'schen Anthropologie verbunden ist, löst das Problem, wie denn Ordnung in das Chaos unserer Kultur zu bringen sei, im Anschluß an den „Leviathan" von Hobbes (Hobbes, Th. 1965). Es wäre einer eigenen Untersuchung wert, genauer zu erforschen, was es im Einzelnen bedeutet, daß sich außer Freud und Marx nicht zuletzt Carl Schmitt in seinen scharfsinnigsten Theorien auf Hobbes beruft (Taubes, J. 1983). Hatte ich am Anfang in der Beschreibung des psychischen Apparates Freud folgend möglicherweise ein Bild des Menschen in einem cartesianischen Käfig gezeichnet, so erweist sich dieser Käfig als Umschrift jener rigorosen sozialen Kontrolle, derer die Menschen bedürfen, um die Kultur vor dem Menschen und damit auch den Menschen vor sich selbst in Schutz zu nehmen. Entsprechend wird Kultur bei Freud in der Funktion bestimmt, den Menschen zu zähmen; soweit diese Zähmung einer Unterdrückung der Triebe dient, ist sie gebunden an affirmative Formen der Sublimierung, d.h. einer Beherrschung der Natur, die wir selber sind: Die Beherrschung der Natur im Sinne eines nicht endenden Raubbaus der Natur, wofür Umweltzerstörung das zentrale Symptom ist, ergänzt sich mit einem aufreibenden Raubbau an der Natur, die wir selber sind. Eine Zähmung der Triebe in Verbindung mit einer negativ kritischen Form der Sublimierung vermöchte anstelle einer Beherrschung der Natur die vernichtenden Formen der Beherrschung von Natur durch ein freundlicheres, nämlich die Beherrschung des Verhältnisses zur Natur zu ersetzen. Ich werde diesen Gedanken in Verbindung mit dem Begriff der Objektverwendung von Winnicott weiter explizieren.

Wie hängen die bis hierher gemachten anthropologischen und gesellschaftstheoretischen Grundlagen und Implikationen der Metapsychologie mit der Theorie der Technik zusammen? Das Zusammenspiel von dynamisch-kommunikativem und historisch-genetischem Ansatz, das sich als Einheit von Übertragungs-Gegenübertragungsgeschehen und funktioneller Regression entfaltet, zielt darauf ab, den Interessenzusammenhang gesellschaftlicher Objektivität in die von ihm abgespaltene und daher verzerrte Bedürfnisperspektive des Subjektes einzuholen; dabei spielen Negation und Setzung psychischer Realitäten eine besondere Rolle: Konstruktion und Rekonstruktion pathologisch verzerrter Interaktionen — systematisch deformierter Sprach- und Lebensformen — bezeichnen hier aber auch die Grenze psychoanalytisch-technischen Vermögens insofern, als Psychoanalyse nämlich bestenfalls dem leidenden Subjekt Einsicht in die subjektiven und objektiven Bedingungen seiner gebrochen-individuierten Lebensgeschichte verschafft, umgekehrt aber ihm nicht die Aufgabe abnehmen kann bzw. darf, die objektiven gesellschaftlichen Verhältnisse durch bewußte soziale Tätigkeit zu verändern. „In der topischen Progression bildet das szenische Verstehen die Grundlage der Deutung und in der mutativen Deutung (mit konsekutivem Verstehen durch den Patienten) wird der Kreis geschlossen; die Einheit von Erkennen und Handeln ist wiederhergestellt. Auf dem psychoanalytischen Weg des szenischen Verstehens, d.h. des Verstehens der Interaktion, wird die Interaktion verändert, nämlich in ihrer vollen Freiheit wiederhergestellt. Die Aufspaltung von Erkenntnis und Praxis ist punktuell wieder bereinigt" (Lorenzer, A. 1970, S. 194). Diese Formulierung Lorenzers läßt sich nur in der Weise halten, daß die Freiheit der Interaktion, die der Patient in der Psychoanalyse oft in einem mühsamen und qualvollen Prozeß erwirbt, ihm unter den günstigsten — allerdings ungewissen — Bedingungen, die sich ihm bieten, die Erfahrung eröffnen wird, die historische Logizität der unter den Bedingungen von gesellschaftlicher Arbeit und privater Aneignung von gesellschaftlich als normal anerkannte Konfiguration von Sprache und Praxis als Zwangszusammenhang zu erkennen und zu kritisieren: Solche Kritik zielt auf eine Freiheit der Interaktion in emanzipierten Lebensverhältnissen ab, die die Psychoanalyse ihren Patienten nicht geben kann; sie kann die Verwirklichung emanzipierter Lebenspraxis allemal als Notwendigkeit erkennbar machen, sie müßte lügen, wollte sie sie ersetzen. Es liegt eben nicht am Analytiker, wie Loch einmal gesagt hat, dem Patienten die Entscheidung abzunehmen, sein Leben als Komödie oder als Tragödie zu spielen (Loch, W. 1974).

Während neurotisch konfliktuöse Handlungsaufforderungen darin bestehen, daß Bedürfnispositionen zur Auflösung gebracht werden, indem ein Teil zugunsten eines anderen aufgegeben werden kann, was Lorenzer Desymbolisierung nennt, besteht die Antwort auf paradoxe Aufforderungen bei der Psychose eben darin, daß das Ich eine zur Lösung dieser Aufgabe erforderliche alogische Binnenstruktur zum Bestandteil seiner

Tiefengrammatik macht. Ich bin der Meinung, daß psychotische Sprachzerstörung nicht in erster Linie auf Exkommunikation von Sinngehalten, wie Lorenzer meint, sondern auf gebrochene Funktionsabläufe innerhalb relativ intakter semantischer Gehalte zielt; so muß die Behandlung psychotischer Patienten eine Stufe unterhalb der Stufe dieser Inhaltsrekonstruktion ansetzen: Nicht bei der Rekonstruktion, sondern bei der gegenübertragungsgeleiteten Konstruktion im Sinne des Strukturaufbaus der synthetisierenden Funktionen des Ich — der Kompetenz, zwischen Symbolen einen Kontext dergestalt stiften zu können, daß die Aneignung der historisch-gesellschaftlichen Logik als Voraussetzung ihrer dann erst überhaupt diskutierbaren Transzendierung geleistet ist. Lorenzers Verständnis von Sprachzerstörung folgt Wittgensteins Entwurf der „Philosophischen Untersuchungen“, denen zufolge Sprache und Lebensformen bzw. Sprache und Praxis eins sind. Lorenzer greift aber in seinem Buch „Sprachzerstörung und Rekonstruktion“ nur Prozesse der Zerstörung von Bedeutungen auf, nicht aber Bedeutungen organisierende Regeln, was zumindest die Wittgenstein'sche Philosophie nahelegt. Ich selbst habe 1973 in einer Untersuchung zur „Zur psychoanalytischen Entwicklungstheorie von Sprache und symbolischer Kommunikation“ (Becker, S. 1973) gezeigt, daß die Destruktion einzelner intakter semantischer Gehalte, die Neurose sprachanalytisch als Störung der Bedeutung verstehbar macht, während wir bei der Psychose eine Störung der Syntax vorfinden, d.h. das als normal anerkannte Regelsystem der Sprache, das Bedeutungen für Dritte verstehbar organisiert, ist beschädigt, was seinen Ausdruck darin findet, daß der Psychotiker Regeln eigenlogisch verwendet. Nun wissen wir von den Texten, die wir lesen, bis zu den Lebenstexten, die wir sind, daß Bedeutungen und Regeln, d.h. Semantik und Syntax, immer zusammenwirken, so wie Neurose und Psychose Dekompensationen dessen sind, was als Kompensation unsere Normalität und die in ihr wirksame synthetisierende Kraft unserer Ich-Funktionen ausmacht. Freud expliziert diesen Zusammenhang: „Die Neurose verleugnet die Realität nicht, sie will nur nichts von ihr wissen; die Psychose verleugnet sie und sucht sie zu ersetzen.

Normal oder ‚gesund' heißen wir ein Verhalten, welches bestimmte Züge beider Reaktionen vereinigt, die Realität so wenig verleugnet wie die Neurose, sich aber dann wie die Psychose um ihre Abänderung bemüht. Dies zweckmäßige normale Verhalten führt natürlich zu einer äußeren Arbeitsleistung an der Außenwelt und begnügt sich nicht wie bei der Psychose mit der Herstellung innerer Veränderungen; es ist nicht mehr *autoplastisch* sondern *alloplastisch*." (Freud, S., 1924, S. 365).

Mit dem gegenübertragungsgeleiteten Strukturaufbau der synthetisierenden Funktionen des Ich im Sinne einer zu initiierenden aktiven Anpassung an die Fähigkeit, sozial anerkannte Regeln zu gebrauchen, ihnen zu folgen, ist keinem repressiven Konzept von Anpassung an gesellschaftliche Zwangszusammenhänge das Wort geredet; vielmehr halte ich diesen therapeutisch zu initiierenden Aneignungsprozeß für den Erwerb eben der pragmatischen Grundqualifikation, bei deren Fehlen jede radikalkritische Bearbeitung von gesellschaftlicher Realität undenkbar ist, was Freud für neurotische, aber mit gleicher Gültigkeit für psychotische Patienten so expliziert: „Ich habe wiederholt von meinen Kranken, wenn ich ihnen Hilfe oder Erleichterung durch eine kathartische Kur versprach, den Einwand hören müssen: Sie sagen ja selbst, daß mein Leben wahrscheinlich mit meinen Verhältnissen und Schicksalen zusammenhängt: daran können Sie ja nichts ändern; auf welche Weise wollen Sie mir denn helfen? Darauf habe ich antworten können: — Ich zweifle ja nicht, daß es dem Schicksale leichter fallen müßte als mir, Ihr Leiden zu beheben: aber Sie werden sich überzeugen, daß viel damit gewonnen ist, wenn es uns gelingt, Ihr hysterisches Elend in gemeines Unglück zu verwandeln. Gegen das letztere werden Sie sich mit einem wiedergenesenen Seelenleben besser zur Wehre setzen *können*" (Freud, S. 1895 b, I. S. 311 ff., Hervorhebung S.B.).

2.17 Narzißmus mit und ohne Objekte — Von der Black Box zur Dialektik aus Intrapsychischem und Interpersonellem

Der interaktive ontogenetisierende Aufklärungsprozeß in der Psychoanalyse folgt notwendig einer Dialektik, wie ihn die Bewegung der Anerkennung und der Aneignung bei Hegel (Hegel, G.W.F., 1970) in der „Phänomenologie" verdeutlicht hat. Gerade an dieser Stelle sind die Schwierigkeiten der Psychoanalyse heute besonders groß. Das sei an einem Beispiel expliziert: Heinz Kohuts Arbeit über Narzißmus (Kohut, H. 1973 a) basiert metapsychologisch auf der Hypostasierung einer trialistischen anstelle einer dualistischen Triebtheorie; letztere hat eigentlich, wann immer sie biologisch ontifiziert worden ist, weniger Klärung als Verwirrung gestiftet. Zusätzlich also eine unabhängige Entwicklungslinie narzißtischer Libido einzuführen, stellt eine besondere Verdinglichung dar. Die Genese des normalen pathologischen Narzißmus und der normalen und pathologischen Objektbeziehung sieht Kohut primär determiniert durch die Qualität libidinöser Besetzungen und deren quasi physikalische Gleichgewichts- und Ungleichgewichtsformationen, nicht aber in Beziehung zur historischen Kausalität der internalisierten Objektbeziehungen; auf merkwürdige Weise imponiert hier eine Überpointierung des ökonomischen Gesichtspunktes verbunden mit einer übertriebenen Gewichtung des adaptiven Ansatzes im Sinne der Theorie Hartmanns; eine solche Kritik an Kohuts Konzeptualisierung liegt nahe, insofern Kohut in der Sprache der Technik und der Beschreibung von kasuistischem Material besonders in seinem Aufsatz über Narzißmus und narzißtische Wut (Kohut, H. 1973 b) eine ungleich größere Breite psychischer Bedeutungen im Sinne der Objektbeziehungspsychologie zuläßt als in seinen theoretischen Grundannahmen über Narzißmus metapsychologischer Art.

Obwohl sich in der Theorie der Technik bei Kohut etwas von dem abzeichnet, was ich Objektbeziehungspsychologie nenne, so bleibt in seinen metapsychologischen Formulierungen nur wenig übrig von der Dynamik aus Intrapsychischem und Interpersonalem, Objektbeziehung und Objektrepräsentanz; Kohut will mit keiner Objektbeziehungspsychologie identifiziert werden (Kohut, H. 1974).

Gegen Kohuts Konstruktionen von Narzißmus, die sich lesen wie das Bild einer Monade ohne Fenster, steht Balints Verständnis von Narzißmus, demzufolge es keinen primären, sondern nur den sogenannten sekundären Narzißmus gibt, also keinen Narzißmus ohne die Erfahrung eines Objekts (Balint, M. 1969, passim; 1970, S. 45 ff.). Offenbar kann Kohut die Struktur primitiver internalisierter Objektbeziehungen nicht erkennen, weshalb er behauptet: „Meine eigene Neigung läßt mich jedoch der klassischen Formulierung treu bleiben — ich neige zu der Annahme, daß das Hineinlegen auch nur rudimentärer Formen der Objektliebe (die natürlich nicht mit Objektbeziehung verwechselt werden darf) in das sehr kleine Kind auf retrospektiven Verfälschungen und adultomorphen Fehlern der Einfühlung beruht" (Kohut, H. 1973b, S. 25 ff.). An dieser, wie an verschiedenen anderen Passagen wird deutlich, daß er primitive internalisierte Objektbeziehungen und reife Objektbeziehungen offenbar auf der Theorieebene nicht unterscheiden will und deshalb Objektbeziehungen auf späte, relativ reife Objektbeziehungen einschränkt. Dabei macht er die hier zitierte Kritik an der Kinderpsychoanalyse Margret S. Mahlers fest (Mahler, M.S. 1973) und reiht sie in den Bereich einer psychoanalytischen Interaktionslehre ein, die mit der Psychoanalyse im engeren Sinne wenig zu tun habe. Für ihn selbst ist der Gegenstandsbereich der Psychoanalyse ausschließlich das Innerpsychische; Interpersonales, d.h. die ganze Dialektik von innerer und äußerer Realität, ist als psychoanalytischer Gegenstand suspendiert. Da bei ihm der Zusammenhang zwischen Metapsychologie und psychoanalytischer Praxis zerrissen ist, gerinnt ihm notwendig das Intrapsychische zu einem black-box-Mechanismus. Der Vorwurf des Adultomorphismus, gegen Mahlers sogenannte Kinderbeobachtung, fällt dabei unmittelbar auf Kohut selbst zurück: Der Vorrang aller idealisierender Übertragung bei Kohut vor allen realen Objektbeziehungen ist hierfür hervorstechend. Seine Narzißmustheorie verlängert das abendländische Subjekt in seine transzendentale Vergangenheit hinein; schlecht versteckt sich dahinter die alte Monadologie des Sozialdarwinismus, was aus folgenden Formulierungen Kohuts deutlich hervorgeht: „Es gibt gewisse Analytiker, von denen man sagt, sie seien bei den Analysen narzißtischer Persönlichkeitsstörungen ungewöhnlich begabt, und Anekdoten über ihre therapeutischen Aktivitäten sind in analytischen Kreisen weit verbreitet. Aber ebenso wie der Chirurg in der heroischen Phase der Chirurgie ein charismatisch begabter Mensch war, der große Taten persönlichen Mutes und heldenhafter Geschicklichkeit vollbrachte, während der heutige Chirurg im allgemeinen ein ruhiger, gut ausgebildeter Spezialist ist, so gilt für den Analytiker das Gleiche. In dem Maße, in dem unser Wissen über die narzißtischen Störungen zunimmt, werden die früher so persönlich belastenden Behandlungsmethoden schrittweise zur qualifizierten Arbeit einsichtiger und verstehender Analytiker, die nicht ein besonderes persönliches Charisma ins Spiel bringen, sondern sich auf die Verwendung der Instrumente beschränken, die allein rationalen Erfolg bringen: Deutungen und Rekonstruktionen" (Kohut, H. 1973a, S. 254). Die Sprechweise Kohuts ist verräterisch, insofern als bei ihm nicht ganze Personen, sondern das Wissen um narzißtische Störungen im Vordergrund stehen und entsprechend einsetzbare Instrumente ins Spiel kommen, die voraussetzen, daß der Analytiker immer schon weiß, wer der Patient ist und was er braucht, unabhängig von der besonderen Beziehung, die der Patient zum Analytiker als einem besonderen Anderen entfaltet. Jenseits von Objektbeziehungen läßt sich aber nichts über die Konstitution von Realität sagen, und zwar weder von subjektiver noch objektiver.

Mahlers psychoanalytische Arbeit mit psychotischen Kindern im frühen und frühesten Kindesalter geht, wie alle Kinderpsychoanalysen, von Freuds kleinem Hans über Melanie Kleins psychotische Kinder bis zu Anna Freud metapsychologisch zurück auf die Rekonstruktionen von frühkindlichen Traumata in Erwachsenen-Analysen, wobei Rekonstruktion aber Konstruktion in dem Sinne ist, daß der Ort des Traumas das gegenwärtige Symptom ist; anders gesagt: Die Tiefe der funktionellen Regression in der Arzt-Patient-Beziehung (Balint, M. 1970) hängt zwar zusammen, ist aber nicht identisch mit dem, was ontogenetisch „früh“ genannt wird. Nicht der Umstand, daß der psychisch Kranke auf eine mehr oder weniger frühe Stufe seiner Entwicklung regrediert ist, erklärt die pathologische Sprachhandlung; sondern — wie besonders aus der Psychoanalyse der Psychosen (Searles, H., 1968; Federn, P. 1956) bekannt — seine Ich-Funktionen bearbeiten Realität gezwungenermaßen auf eine merkwürdige Weise, die zwar der frühestkindlichen ähnelt, wegen ihrer eigenlogischen — und nicht unlogischen — Systematik mit ihr jedoch nichts mehr unmittelbar zu tun hat. Aber auch am neurotischen bzw. psychotischen Wiederholungszwang ist nicht so sehr das Wiederholte bedeutsam, als der Zwang zu wiederholen. Der Wiederholungszwang (Freud, S. 1920, X.) bewährt sich immer wieder doppelt. Er mahnt in der psychoanalytischen Arbeit immer wieder an, was noch unerledigt ist (Denker, R. 1974, S. 16-24). Er wirkt im Unbewußten des Patienten verläßlicher als alle Strukturierungsversuche des Therapeuten mit Hilfe seiner Erinnerung oder seinem Gedächtnis; er stellt die synthetisierende Kraft dar, in uns die reale zerrissene Welt in den Vermittlungszusammenhang einer Einheit der Welt zu integrieren, d.h. das Verbindende innerhalb dessen, was sich tagtäglich selbst widerspricht, zu entdecken bzw. einzurichten. Soweit die eine Seite des Wiederholungszwanges. Die andere Seite ist der Wiederholungszwang in der analytischen Situation, also innerhalb der Übertragungs-Gegenübertragungsneurose bzw. -psychose. Eigentlich müßte die Reihenfolge „Erinnern, Wiederholen, Durcharbeiten“ gelesen werden als: Wiederholung, Erinnern, Durcharbeiten. Neurotische, aber vorrangig psychotische Patienten zeigen, daß sie zunächst etwas wiederholen in nuce; der Weg von der reinen Wiederholung zur Erinnerung im Sinne eines distanzierten Gewahrwerdens ist ein weiter Weg, der in Abhängigkeit von der Macht der Gegenübertragung des Analytikers den Patienten in den Fesseln seines bornierten So-Seins festhält oder ihm eröffnet, sich für ein solches oder ein anderes Leben zu entscheiden. Zu letzterem kann der Analytiker jeweils über eine Einstellungsänderung seiner Gegenübertragung beitragen, falls er nicht in einem „Gegenübertragungswiderstand“ (Racker, H. 1978) stecken bleibt. Damit ist die Psychoanalyse des neurotischen wie psychotischen Patienten an die ständige Psychoanalysierbarkeit des Psychoanalytikers gebunden bzw.– im Falle stationärer Behandlung – des psychoanalytisch arbeitenden Teams: „Die Psychoanalyse der Objektbeziehungen hat die Frage der Analysierbarkeit mit Entschiedenheit auf die Frage der Grenzen des Analytikers gebracht. Sie hat damit die menschliche Dimension der Psychoanalyse vertieft, muß doch die Arbeit an Übertragung und Gegenübertragung im Sinne eines ‚mutual concern‘ gelesen werden; ‚Dieser Sachverhalt macht es für den Analytiker obligatorisch, diese Gegenübertragungen der wesentlichen Beziehungspersonen seines Patienten nachzuvollziehen...‘ (Loch, W. 1965, S. 43). Dabei werden die übertragenen Objekte des Patienten seine eigenen (inneren) Objekte; ‚nur das gestattet ihm, sie zu verstehen‘ (Loch, W. 1965, S. 44). Die nächste Aufgabe, um aus dem Wiederholungszwang herauszuführen, besteht darin, die Beziehung von Übertragung und Gegenübertragung, die immer eine bestimmte Form der Lebens- und Triebbewältigung fixiert, mit Hilfe der Realitätsprüfung zu überwinden. ‚Man erkennt aber als Bedingung für die Einsetzung der Realitätsprüfung, daß Objekte verlorengegangen sind, die einst reale Befriedigung gebracht hatten‘, notierte Freud 1925 in seiner kurzen Studie zu ‚Verneinung‘ (S. 14). Gefordert und erlaubt ist die von Ferenczi so bezeichnete ‚Freiheit und ungehemmte Beweglichkeit der psychischen Besetzung‘ (1918, S. 54), das Ziel der Abstinenz. Die Lehrer der Kirche hatten, als sie agilitas das Ziel der Askese nannten, wahrscheinlich etwas ähnliches im Sinn“ (Jappe, G.; Nedelmann, C 1980, S. 14).

Auch extreme Mangelzustände werden immer wiederholt, also z.B. wird die extreme Abwesenheit des Vaters, die im Zentrum jedes psychotischen Krankseins steht, so lange wiederholt, bis anstelle dieser Abwesenheit mit Hilfe von Konstruktionen eine Anwesenheit tritt, die den Zwang zur Wiederholung überwindet: „Damit die Psychose ausgelöst wird, muß der Namen-des-Vaters, der verworfen, d.h. nie an den Platz des

Andern gekommen ist, daselbst angerufen werden in symbolischer Opposition zum Subjekt.

Das Fehlen des Namen-des-Vaters an diesem Platz leitet nämlich durch das Loch, das es im Signifikat aufreißt, jene kaskadenartigen Verwandlungen des Signifikanten ein, die einen progressiven Zusammenbruch des Imaginären zur Folge haben, bis an den Punkt, wo Signifikant und Signifikat sich in der delirierenden Metapher stabilisieren. Wie aber kann der Namen-des-Vaters vom Subjekt angerufen werden an dem einzigen Platz, von dem aus er ihm hätte zukommen können, und wo er nie gewesen ist? Durch nichts anderes als durch einen realen Vater, nicht unbedingt durch den Vater des Subjekts, durch Einen-Vater" (Lacan, J. 1975, S. 110 ff.). Die Aufhebung des Wiederholungszwanges an dieser Stelle schafft erst in der analytischen Situation die Beziehungskompetenz, an deren Ende gelingende Drei- und Mehrbeziehungen, also auf ödipalem Niveau, möglich sind (Balint, M. 1969, 1970 passim; Loch, W. 1972, S. 223 ff., insbesondere S. 233 ff.). Die Transformationsproblematik des psychotischen Wiederholungszwanges konfrontiert uns damit, daß es dort, wo keine Erinnerungsspuren oder deren Vorläufer entwickelt sind, es auch nichts zu rekonstruieren, sondern nur zu konstruieren gibt und somit progressiv das soziopsychobiologische Wachstum von frühen zu späten Triangulierungen — analog zur Mutter-Vater-Kind-Beziehung — zu schaffen.

2.18 Der Kern des Ichs und seine Konstruktion: Libidinöse Gleichwertigkeit von Analytiker und Analysand — Neubeginn

Die Konstruktionsproblematik des Kerns des Ichs trifft in der Psychoanalyse Erwachsener nicht jenen Bereich des Unbewußten, der als verdrängtes Bewußtes identifiziert ist, sondern *jenes* Unbewußte im Sinne eines noch nie Bewußten. Der empathische Umgang mit dem Ich-Kern ist Voraussetzung eines „Neubeginns" des Patienten (Balint, M. 1969 passim; 1970 passim). Auf dieser Ebene, die Balint „Grundstörung" (Balint,

M., ebenda) nennt, holt der Patient ein Stück fehlender frühester Zuwendung durch die Mutter nach: Er wird in der gemeinsamen Objektbeziehungsregression mit dem Analytiker auf die Ebene der Grundstörung aus der Abhängigkeit von einer Erfahrung gelöst, die er nie hat machen dürfen und können; *es handelt sich bei der Grundstörung also nicht um einen psychischen Konflikt.* Einzig die Gemeinsamkeit und Gleichzeitigkeit dieser Regression von Analytiker und Analysand garantiert, daß der Analytiker in den Patienten kein „falsches Selbst" (Winnicott, D.W. 1974, S. 182 ff.) hineinpreßt: „Es ist klar, daß wir in den Phasen des Neubeginns, im Bereich des wahren Selbst, zunächst und vor allem uns bemühen müssen, daß etwas bisher Unbekanntes überhaupt zur Existenz gelangt, daß wir etwas in eine lebensfähige Erfahrung umwandeln... und es schließlich dann Schritt für Schritt dem reflexiven Selbstbewußtsein zu eigen geben. Was aber alle diese Schritte anlangt, müssen wir berücksichtigen, daß die reflexive Selbstbewußtheit, durch welche das reine Existieren unser gewußter Besitz wird, dazu dient, daß wir uns selbst kontrollieren und verändern können, und zwar um unserer selbst und um eines Lebens in der Gemeinschaft willen. Das Ziel, das wir so verfolgen, besteht also darin, ‚of providing coverage for the patient's self-experience'... durch ‚a psychic, affective and an environmental holding of the person of the patient' (Khan, M.M.R. 1972, SS. 305, 295) und daß wir dann dazu beitragen, daß diese Selbsterfahrung übersetzt wird, durch Symbole und durch Sprache ersetzt wird.

Im Verlaufe dieses Prozesses mag es geschehen, daß die in einer ‚Entbergung' ans Licht kommende, die konstruierte, erdeutete Wahrheit als die Identität des Verstehens (Marten, R. 1972, S. 356) in Worten, Metaphern, Hypothesen und Sätzen repräsentiert, an eine Grenze gelangt: ‚Tatsächlich gibt es schließlich etwas, was nicht mehr gedeutet (umgedeutet) werden muß und darf — sonst ist die Analyse ein endloses Ersetzen von Gefühlen und Vorstellungen, meist durch ihren Gegensatz', schrieb deshalb Sandor Ferenczi (30.10.1932). Er brachte damit die nicht hintergehbare Vorrangigkeit der Lebensweise, des Handelns zum Ausdruck" (Loch, W. 1986, S.

203 ff.), was beides charakteristisch für das Prozeßgeschehen des Neubeginns ist. Im Prozeß des Neubeginns kann es möglich werden, „daß wir zusammen mit dem Patienten die existierenden Grenzen unserer Sprache und unseres traditionellen Denkens überschreiten. Etwas Neues ist aufgerufen, in Erscheinung zu treten. An dieser Stelle ähnelt die Psychoanalyse in besonderer Weise der Poesie und anderen Künsten, in denen die neu geformte verbale oder averbale Metapher oder das Bild, das Symbol — Bildungen, die par excellence immer innovatorischen und prospektiven Charakter haben ... — eine neue Grundlage gibt, auf der er stehen kann und von der aus er fortfahren kann, zu leben, weil sie eine neue Wahrheit für ihn geworden ist. Zumindest in einer, nämlich der zur Rede stehenden Hinsicht und für die Jetztzeit" (Loch, W. 1986, S. 196). Der Zugang zu solcher seelischer Erfahrung ist auf Seiten des Analytikers daran gebunden, daß es ihm gelingt, eine fördernde und haltende Umwelt (facilitating environment) zu schaffen. Dieser Zustand muß „erfahren, erlebt, internalisiert sein, bevor das spätere Realitäts-Ich, das ja auch immer den Charakter einer defensiven Organisation hat, entstehen kann" (Loch, W. 1986, S. 197). Mahler zeigt, daß es in der von ihr sogenannten symbiotischen Phase der Mutter-Kind-Beziehung nichts Intrapsychisches jenseits des Interpersonellen gibt; gerade die relative Ungeschiedenheit von Soma, Psyche und Handlung in dieser frühen Phase der Entwicklung sichert in Abhängigkeit einer das Kind und die Mutter befriedigenden fürsorglichen Beziehung jene Form der Lebensbejahung, aus der es allein möglich wird, später — das heißt auf ödipalem Niveau — über die Kulturzufälligkeit der Dyade emotional und rational zu entscheiden. Die unverfälschte Wechselseitigkeit in der symbiotischen Beziehung zwischen Mutter und Kind wird als ähnliches Beziehungsspiel zum experimentum cruxis analytischer Arbeit, was Searles (Searles, H. 1973) für die Psychosentherapie Erwachsener geltend gemacht hat. Die Arbeit im prägenitalen Beziehungsfeld der frühen Stadien des Ödipus, das Winnicott „primäre Mütterlichkeit" (Winnicott, D.W. 1976), Balint „primäre Liebe" (Balint, M. 1937) nennt, dem negativ die Grundstörung korrespon-

diert, hat bei Kinder- wie Erwachsenenanalysen (neurotischer und psychotischer Patienten) gezeigt, daß diese besondere Beziehung zwischen Mutter und Kind eine ist, in der beide „Parteien dieses Verhältnisses libidinös gleichwertig sind. Die Mutter ist in libidinöser Hinsicht ebenso Empfänger und Spender wie ihr Kind; sie fühlt das Kind ebenso als Teil ihres eigensten Körpers und dennoch als etwas Feindlich-Fremdes wie das Kind den Körper der Mutter (...). Diese primitiv-egoistische Form der Liebe verfährt nach dem Grundsatz: Was mir gut ist, ist Dir recht, d.h. sie kennt keinen Unterschied zwischen Eigeninteresse und den Interessen des Objektes, sie nimmt als selbstverständlich an, daß die Wünsche des Partners mit den eigenen identisch sind. Über diese Einstimmigkeit hinausgehende Ansprüche des Objekts sind unerträglich, sie rufen Angst oder Aggressionen hervor. Dieselbe Einstellung entwickelt sich regelmäßig im Lauf der analytischen Kur" (Balint, M. 1969, S. 93). Ihr zu begegnen, bedarf es auf Seiten des Analytikers sowohl einer Haltung freundlicher Zuneigung als auch einer wie auch immer vorläufigen strikten Deutungsabstinenz; die spontane Entfaltung des Patienten in einem Neubeginn, in dem der Patient allmählich und zwanglos erfährt, wirklich liebenswert zu sein und lieben zu können, muß sich in der Freundlichkeit des Analytikers spiegeln: „Mit dieser Einsicht überwindet Balint jede individual-kausale — ich möchte sagen, monadologische — Betrachtung der psychischen Genese und Verhaltensanalyse. An ihre Stelle tritt hinfort die immer genauere Erforschung der interpersonalen Dynamik, und das Individuelle wird recht eigentlich zu deren Grenzfall. Die so klar erkannte gegenseitige Abhängigkeit des Mutter-Kind-Paares (bzw. des Arzt-Patient-Verhältnisses, Einf. St.B.) ist zudem wieder ein starker Beweis gegen die These eines primären, objektlosen Narzißmus, weil sie die unbestreitbare Objektabhängigkeit des Säuglings evident macht" (Loch, W. 1972, S. 231 ff.).

Der Neubeginn wird somit zum zentralen emotionalen Ereignis, das die Pathologie des an eine Grundstörung gebundenen Wiederholungszwangs transzendiert: „Es ist eine Behandlungsphase — Balint... spricht von der ‚Grundstörung', die sich eingestellt hat —, in der ‚Worte aufgehört hatten, zuverlässige Kommunikationsmittel zu sein'... und in der noch nie bewußt Gewesenes in ein ‚Prä-Objekt, in ein eigentliches Objekt, verwandelt wird', wo also etwas geschieht, was ‚unvorhersagbar' ist ..., die es nunmehr überhaupt erst ermöglicht, über das bisher ‚Unbekannte' — das ‚O' (Bion 1970), das bisher verborgene ‚wahre Selbst' (Winnicott 1955) — zu denken, über es zu reden und es näher zu erforschen" (Loch, W. 1986, S. 143 ff.). Loch spricht hier von einem Präobjekt in Anlehnung an Bions Theorie des Denkens (Bion, W.R. 1970 und 1962). Bion zufolge ist unter einem Präobjekt eine Präkonzeption zu verstehen, die einen primären, nicht organisierten Zustand darstellt, dem eine Qualität der „Erwartung" eignet; die Präkonzeption kann psychoanalytisch als Analogon des Kant'schen Begriffes „leere Gedanken" begriffen werden, von denen Kant in der „Kritik der reinen Vernunft" schreibt: „Gedanken ohne Inhalt sind leer, Anschauungen ohne Begriffe sind blind" (Kant, I. 1968, S. 66). Die der Präkonzeption inhärente „Erwartung" kann modellhaft beschrieben werden als Anlage des Säuglings, die der Erwartung einer Brust entspricht: „Wenn diese Präkonzeption mit einem Realerlebnis, das ihr ähnelt, in Kontakt gebracht wird, so ergibt sich eine Konzeption. Um es mit anderen Worten zu sagen: Die Präkonzeption (also die angeborene Erwartung einer Brust, das a priori-Wissen um eine Brust, der ‚leere Gedanke') paart sich, wenn der Säugling mit der wirklichen Brust in Berührung kommt, mit der Gewahrwerdung des Realerlebnisses und fällt so mit der Entwicklung einer Konzeption zusammen. Dies ist also unser Modell für die Theorie, daß jede Kreuzung einer Präkonzeption mit ihrem Realerlebnis eine Konzeption hervorbringt. Man kann erwarten, daß mit den Konzeptionen ein Gefühlserlebnis der Befriedigung einhergeht" (Bion, W.R. 1963, S. 427). Diese Sichtweise ermöglicht uns, das von Balint beschriebene Prinzip der frühesten Beziehungen „was mir gut ist, ist Dir recht" als normale, nichtpathologische projektive Identifizierung zu begreifen, die im Prozeß eines therapeutisch initiierten ‚Neubeginns' etwas nachholt, was den ‚Kern des Ichs', bzw. die ihm zugrunde liegende Ur-Identifikation bzw. die Essenz eines dem gesunden Ich zugrunde liegenden ‚Urvertrauens' (Erikson) ausmacht. Die Frage der zu überwindenden psychotischen Denkstörung in der Behandlung psychotischer Patienten steht und fällt also damit, daß über einen zu initiierenden therapeutischen Neubeginn emotionale Erfahrungen möglich werden, die einer basalen Konzeptbildung entsprechen; der Bildungsprozeß solcher „Konzepte", die als Gedanken, Bion zufolge, allem Denken je müssen vorausgehen können, ergänzen sich thematisch vorzüglich mit allen Arbeiten Winnicotts über die frühe Integration von Soma und Psyche, insbesondere die Verknüpfung von Motilität mit Affekten durch die Besetzung und den Halt von seiten der Mutter, woraus Emotionen entstehen, die ja nicht als von Anfang an gegeben vorausgesetzt werden können. Winnicott beschreibt die Übergänge von Normalität zur Pathologie bei der Entwicklung emotionaler patterns of relationship in der Spannweite zwischen einer sich wiederholenden Entdeckung der Umwelt, was einen Vorrang der Bewegung des Säuglings artikuliert und einer Bewegung der Umwelt auf den Säugling zu, die „merits the term impingement. The individual reacts to the impingement, which is unpredictable since it has nothing to do with the life process of the individual. This, repeated, also becomes a pattern of relationship, and the result is very different from that of the first pattern. Whereas in the first the aggregation of experiences feels like a part of life and real, in the second the reaction to impingement detracts from the sense of real living, which is only regained by return to isolation in quiet" (Winnicott, D.W. 1988, S. 128).

2.19 Balint versus Lacan: Was ist das Objekt?

Für die Beschreibung therapeutischer Objektbeziehungen geht m.E. aus den Arbeiten von Winnicott und Balint eindeutig hervor, daß sie Beziehungsmodalitäten meinen, weshalb Winnicott von „primärer Mütterlichkeit“ und Balint z.B. von „primärer Liebe“ spricht. Gegen Balint als zentralem Vertreter der Objektbeziehungspsychologie in der Psychoanalyse entwickelt Lacan eine Kritik in dem Aufsatz „Objektbeziehung und intersubjektive Beziehung“ (Lacan, J. 1978, S. 263). Lacan formuliert stellvertretend für viele französische Psychoanalytiker eine Angst vor der Repräsentation der Mutterliebe in der Psychoanalyse, als ob es überhaupt nur die Vaterliebe im Sinne Freuds geben dürfte. Ferenczi hat stärker die Mutterliebe, Freud stärker die Vaterliebe vertreten. Es geht folglich auf gar keinen Fall um ein Entweder-Oder, sondern immer um ein Sowohl-als-auch. Wenn wir die Auffassung von Frühstadien des Ödipuskomplexes im Sinne von Melanie Klein dazunehmen, werden wir sowieso über keine frühe Mutter-Kind-Beziehung sprechen können, ohne die Wirkung von Anwesenheit und Abwesenheit — qualifiziert und/oder unqualifiziert — des Vaters mitzuanalysieren, oder? Hatte ich vorher den Bereich des Averbalen zum einen im Hinblick auf handelnden Umgang zwischen Analytiker und Patient im Prozeß des Neubeginns artikuliert, zum andern im Kontext der „Konzeptbildung“ (Bion) über den Prozeß der Paarung von Präkonzeptionen und Realerlebnis pointiert, dann formuliert Lacan gegen Balint, daß man bei ihm nur ahnen könnte, was er (Lacan) nach Freud in jenen ersten Kinderspielen unterstreiche (Freud, S. 1920, X.), „die darin bestehen, die Gegenwart in der Abwesenheit hervorzurufen, ich sage nicht: einen Appell an sie zu richten, und das Objekt der Gegenwart zurückzuweisen. Doch Balint verkennt, daß das ein Phänomen der Sprache ist. Er sieht nur eines, nämlich daß das Kind dem Objekt nicht Rechnung trägt. Dabei ist das Wichtige dies, daß dieses kleine menschliche Tier fähig ist, sich der symbolischen Funktion zu bedienen, dank deren wir, wie ich's Ihnen erklärt habe, Elephanten hier können eintreten lassen, wie eng die Tür auch sei. Die Intersubjektivität ist zunächst durch den Gebrauch des Symbols gegeben, und das von Anfang an. Alles geht aus von der Möglichkeit zu benennen, die zugleich Zerstörung der Sache und Übergang von der Sache auf die symbolische Ebene ist, vermöge dessen die im eigentlichen Sinne menschliche Ordnung sich installiert. Von daher ergibt sich, auf immer komplizierter werdende Weise, die Verkörperung des Symbolischen im imaginär Erlebten. Das Symbolische wird sämtliche Krümmungen modellieren, denen, im Erleben des Erwachsenen, die imaginäre Bindung, die originäre Verhaftung folgen kann.

Vernachlässigt man die intersubjektive Dimension, so verfällt man in die Ordnung jener Objektbeziehung, aus der es keinen Ausweg gibt und die uns in theoretische sowie technische Sackgassen führt" (Lacan, J. 1978, S. 276). Die Schwierigkeit des Lacanschen Verständnisses ist diese, daß Lacan im Sinne ödipaler bis postödipaler Symbolisierungsfähigkeit gegen von ihm mutgemaßte Harmonisierungstendenzen bei Balint einen Riß im Subjekt verankert wissen will, der Voraussetzung dafür ist, daß eine Differenz zwischen Symbolischem, Imaginärem und Realem überhaupt Platz greifen kann, und im besten Falle Symbolisches und Reales Schutzfunktionen für das Imaginäre übernehmen. Ihm erscheint die Konstruktion der frühen Mutter-Kind-Beziehung durch Balint so, als ob das Menschenkind sich aus der Welt des Imaginären nie der Welt des Symbolischen und Realen würde nähern können. Diese krasse Mutmaßung relativiert er allerdings dadurch, daß er sagt, daß er mit dem, was Balint klinisch tut, nämlich im Umgang mit Patienten alles andere als das in Frankreich gerne projizierte Ferenczische Bad einlaufen zu lassen. Meines Erachtens kann der Riß im Subjekt, über den die Ordnung des Symbolischen die Bedingung ihrer Möglichkeit erfährt, nicht existenztragend werden, wenn das was zerrissen wird, vor allen Dingen durch die Instanz des Vaters, nicht zuerst einmal geeint ist, um einen qualifizierten Riß zulassen zu können. Wenn ich mir außerdem die Empirie moderner Objektbeziehungstheoretiker ansehe, wie z.B. Francis Tustin (1972, 1981), dann gibt es innerhalb der m.E. am Anfang aller psychischen

Entwicklung stehenden „Oneness“ (Bion) genügend Vorläufer eines Differenzerlebens, die dem Riß im Subjekt im Sinne der symbolischen Ordnung vorgelagert sind und sie immer wieder neu bedingen: Ich denke daran, daß wir von der Drei- und Mehrpersonenebene der Beziehungen im Sinne von Ödipalität im klassischen Sinne zu der Zweipersonenebenenbeziehung schreiten können, die bei genauem Hinsehen ihren Ausdruck als frühe Triangulierung hat und, wenn wir weitergehen, zu der Welt der Partialobjekte gelangen, die als unbelebte und belebte Objekte identifizierbar sind. Und wenn wir diesen Trip vervollständigen, kommen wir zu noch primitiveren Objektbeziehungen, die von frühesten Empfindungen zwischen hart und weich handeln. Gegen Lacan kann ich die Objektbeziehungspsychologie nicht als zu harmonistischen Konstruktionen neigend erkennen. Eher frage ich mich, ob es bei Lacan eine Tendenz zur symbolisierenden Überforderung seiner Patienten gibt, was nicht der Fall wäre, wenn diese ihrem Strukturniveau nach postödipal organisiert wären. Mir sind allerdings bisher noch keine postödipal organisierten Menschen begegnet und soweit ich Lacans Arbeiten bisher verstanden habe, Lacan auch nicht.

2.20 Über die Grenzen des Interaktionsbegriffes in der Psychoanalyse

Ein umfassendes Verständnis von Psychoanalyse ermöglicht es, jegliche Realitätsbezüge als Objektbeziehungen zu lesen. Realität konstituiert sich in Objektbeziehungen, weshalb es jenseits von Objektbeziehungen keine Realität an sich geben kann. Wenn es als eine frühe psychoanalytische Einsicht gelten darf, „daß das seelische Leben von Polaritäten beherrscht wird, daß es im Rahmen kontradiktorischer Gegensätzlichkeiten, etwa der Ich- und Sexualtriebe, des Lust- und Realitätsprinzips, zu seiner Entfaltung wie zu seiner pathologischen Entgleisung gelangt“ (Loch, W. 1970, S. 65), so geht die Objektbeziehungspsychologie davon aus, daß es sich bei diesem Dualismus nicht um eine ontologische Voraussetzung, sondern um ein historisches Resultat der Realitätskonstitution selber handelt. Die psychoanalytische Metapsychologie, die als Erklärungskompetenz vom empathischen Verstehen des Analytikers in der analytischen Situation überhöht wird (Loch, W. 1965, passim), ist aus Erfahrungen der psychoanalytischen Situation selbst generalisiert und hat in ihr auch ihre Grenze. Unabhängig vom analytischen Prozeß müßte sie sich selbst als historische Theorie sozialen Handelns mißverstehen; noch Lorenzers zu kurzes Schließen von der gesellschaftlichen Realabstraktion des Gesamtarbeiters auf das je empirische Verhalten der Mutter in der Dyade (bei Lorenzer auch in utero) materialisiert und verdinglicht historisch-psychosoziale Widersprüche bis in die Triebe hinein, statt von Trieben als Triebschicksalen, im Sinne von psychischen Repräsentanzen, die immer historischer Natur sind, und deren Nexus mit besonderen Objekten zu handeln. Gegen seine eigene Intention versöhnt Lorenzer, in dem was er „Einigungssituation" (Lorenzer, A. 1972 und 1974, passim) von Mutter und Kind nennt, historifizierte Natur und naturifizierte Geschichte; grundsätzlich finde ich die Fragestellung, die Mutter-Kind-Beziehung, ja sogar die Mutter-Kind-Beziehung in utero, in einer thematischen Gleichzeitigkeit und Gleichsinnigkeit mit dem „Gesamtarbeiter" von Marx zu erforschen. Lorenzer mißlingt aber an diesem äußerst interessanten Punkt seiner Fragestellung die eigentlich fällige differentielle Analyse klassenspezifisch variierender Objektbeziehungen und deren Entwicklung. Statt dessen zurrt er eine ahistorisch universalistische Entwicklungstheorie mit dem soziologischen Strukturbegriff des Gesamtarbeiters zusammen, ohne die komplexen Brechungen des letzteren auf der Ebene real verschiedener Entwicklungen begrifflich zu fassen. Das hängt möglicherweise damit zusammen, daß das von ihm exponierte szenische Verstehen von vorneherein immer schon setzt, was „Interaktion" ist, während ich, von meinen psychotischen Patienten geschult, aus den Fetzen von Empfindungen das jeweils aufbaue, was ich dann auch Interaktion nennen kann, entlang einer mit dem Patienten gemeinsam geschaffenen, d.h. existenztragenden, auf Wechselseitigkeit basierenden Behandlungs- und Forschungswirklichkeit.

2.21 Interpersonale Vorgänge und Übergangswelt in der frühen Entwicklung und in der analytischen Situation

Freud nannte die drei fundamentalen, am Beginn der psychischen Konstitution stehenden Polaritäten, die Gegensätze „von:

Subjekt (Ich)	—	Objekt (Außenwelt)
Lust	—	Unlust
Aktiv	—	Passiv“

(Freud, S. 1915, S. 226). Stierlin (Stierlin, H. 1969, S. 5 ff.) formuliert in Anlehnung an diese von Freud skizzierten Polaritäten hingegen für die in der psychoanalytischen Situation, wie auch für die in der ihr erstes Vorbild darstellende Mutter-Kind-Beziehung sich abspielenden interpersonalen Vorgänge, fünf antithetische „analytic balances“:

1. Augenblick — Dauer
2. Verschiedenheit — Selbigkeit
3. Gewährung — Versagung
4. Reizung — Stabilisierung
5. Nähe — Ferne.

An Stierlins Entwurf wird auf den ersten Blick deutlich, daß sich solche Gegensatzpaare nicht auf eine in Subjekt und Objekt völlig zerrissene Welt beziehen, sondern auf eine Realität, die wir *Übergangswelt* nennen wollen. Eine genügend gute Mutter (Winnicott, D.W. 1973, passim) wird, um ihr Kind zu befähigen, das „ich kann“ bereits auf einem präreflexiven Niveau zu fühlen und zu wissen „mit einer fast völligen Anpassung an die Bedürfnisse des Neugeborenen beginnen und sich im Laufe der Zeit immer weniger anpassen, je mehr das Kind in der Lage ist, mit dieser Entsagung fertig zu werden. Dem Kind stehen dafür folgende Mittel zur Verfügung:

1. Die oft wiederholte Erfahrung, daß die Versagung zeitlich begrenzt ist; anfangs muß diese Zeit natürlich recht kurz sein.
2. Ein zunehmendes Gefühl für Handlungsabfolgen.
3. Anfänge geistiger Aktivität.
4. Der Einsatz autoerotischer Befriedigung.
5. Erinnern, wiederbeleben, phantasieren und träumen; die Integration von Vergangenheit, Gegenwart und Zukunft.

Wenn alles gut geht, dann kann das Erlebnis der Versagung für das Kind schließlich zum Gewinn werden, denn unvollständige Anpassung an Bedürfnisse macht Objekte erst zu etwas Realem, d.h. zu geliebten und zugleich zu gehaßten Objekten" (Winnicott, D.W. 1973, S. 20 ff.). Die Sozialisation vom Kleinkind zum Erwachsenen umschließt immer den Zwang und die Intentionalität, sich am objektiv Wahrnehmbaren und zugleich subjektiv Vorgestellten abzuarbeiten. In der Ontogenese kann der Übergang von der illusionierenden zur desillusionierenden Phase der Mutter-Kind-Beziehung überhaupt nur ertragen werden, wenn die innere und äußere Repräsentation eines „Übergangsobjektes" (Winnicott, D.W. 1973) gelingt. „Das Übergangsobjekt zeichnet sich dadurch aus, daß es gegenüber der Sphäre der Illusionierung und Desillusionierung neutral ist; es stellt eine gelebte und gehandelte Raum-Zeitlichkeit dar, die nicht tangiert ist von chronometrischer Zeit und physikalischem Raum, also den seit Aristoteles gängigen Raum-Zeit-Vorstellungen". (Becker, St. und Zons, R. 1975, S. 46).

Ein Übergangsobjekt kann der Kissenzipfel für das Kleinkind, ebenso die Fäzes als formbare und geformte sowie eine produktive Idee für den Erwachsenen bzw. Kunst, Religion, Wissenschaft sein.

2.22 Illusionierung und Desillusionierung, innere und äußere Objekte

Der Sphäre der Illusionierung ist ein illusionierendes, d.h. subjektives Objekt, der Sphäre der Desillusionierung ein desillusionierendes, d.h. objektives Objekt, inhärent. Dem subjektiven Objekt entspricht beim traumatisierten Erwachsenen die Triebgebundenheit des Handelns — im Sinne von Affektrepräsentanzen —, dem objektiven Objekt die Zeichengebundenheit des Handelns. Einzig eine nicht traumatisierte Bildung von Übergangsobjekten und eine aus ihr energetisch hervorgehende „Objekteverwendung" (object-use) (Winnicott, D.W. 1973 passim) garantiert reifes symbolisches Handeln: Das Verhältnis von *frühen* und *späten Objektbeziehungen* (Göthals, G., 1974) früher und später Triangulierungen (Storck, J. 1983) manifestiert sich als Gelungenes in der „reifen genitalen Liebe" (Balint). Stierlin differenziert begrifflich Objekt-Repräsentanzen in Anlehnung an Melanie Klein und Fairbairn „als innere Objekte, deren drei wesentliche Funktionen er expliziert als die referierende, wobei die inneren Objekte in der Art einer Kartei der Einordnung der Wahrnehmungen dienen, die gyroskopische (die für die Fähigkeit entscheidend ist, neue Objekt-Beziehungen einzugehen und zu stabilisieren) und die Autonomie fördernde Funktion, die die Dialektik zwischen inneren und äußeren Objekten, ohne die sich menschliche Beziehungen nicht entscheiden können, erst ermöglicht" (Loch, W. 1971, S. 81). Diese Theorie der Objektbeziehungen versucht das Ganze der Dialektik von innerer und äußerer Realität zu begreifen; gegen diese Intention wurde ich einmal gefragt, ob die Objektbeziehungspsychologie sich nicht bescheiden könnte, oder ob ich in der Nachfolge Ferenczis beabsichtigte, das All zu sexualisieren. Eher folge ich letzterem approach, als daß ich reduktionistisch verführe.

2.23 Die Welt der Repräsentanzen und der Objektgebrauch

Die Aufspaltung in Subjekt und Objekt und damit die Fähigkeit des Kindes, Objekte wirklich gebrauchen zu können, wird in letzter Instanz nur dadurch möglich, daß die dyadische Beziehung in die Drei- bzw. Mehrpersonenbeziehung (Balint, M. 1970, passim) aufgehoben wird (Loch, W. 1972, S. 233 ff.). Durch die Triade wird die Dyade erst bedeutet. Die normale Entwicklung vollzieht sich über die Identifikation mit dem guten und bösen Vater, ohne daß beides auseinandergerissen wird. Wie die genügend gute Mutter nicht die leibliche sein muß, so braucht der genügend gute und böse Vater nicht der Erzeuger des Kindes zu sein. Zum Beispiel einer Tante oder Großmutter als „Vater" gelingt eine Vaterfunktion in dem Maße, indem sie an die Mutter-Kind-Dualunion anknüpft bzw. energetisch aus ihr hervorgeht. Deshalb ist die Triade in der Dyade immer schon enthalten, ohne daß das Kleinkind die Dyade zunächst triadisch begreift; die Triade wird gewissermaßen immer schon erfahren. Deshalb sind Begriffe wie Präoedipus irreführend, weshalb von Frühstadien des Ödipus (M. Klein) klinisch adäquater zu handeln ist. Zum Beispiel entsteht emotionale Ambivalenz, Diskontinuität in der Zuwendung seitens der Mutter, nie aus einer von dritten Objekten unabhängigen Dualunion.

Die sogenannte „depressive Position", von der noch im 2. Kapitel ausführlicher die Rede sein wird, stellt — Balints Reformulierungen Melanie Klein'scher Konzepte zufolge (Balint, M. 1952, S. 243 ff.) — die Klammer von der Zweipersonenebene der Beziehung zu Drei- und Mehrpersonen-Ebene der Beziehung dar. Die Transformation der Phase der primären Liebe in der depressiven Position kann überhaupt erst eine wissende Beziehung zur Mutter bilden; indem sich die triadische Beziehung erfüllt, stellt sich eine Objektbeziehung her, in der das ehemals subjektive Objekt in voller Konsequenz als objektives Objekt anerkannt wird: Konnte das Kind zum Zeitpunkt der Introjektbildung (subjektives Objekt) über die Kulturzufälligkeit des Primärobjektes nicht bewußt entscheiden, so ist die bewußte, d.h. relativ freie Objektwahl jetzt eröffnet.

Die eigentliche Welt der Repräsentanzen erschließt sich also durch die Vater-Identifikation, weshalb die depressive Position die Einheit von Bruch der und Anknüpfung an die introjektive Mutter-Kind-Dualunion bedeutet. Wie läßt sich das Verhältnis von Objektrepräsentanz und repräsentiertem Objekt denken? Wie kommt es, daß Erfahrungen der Objektwelt vergehen und als akkumulierte Erfahrungen im Subjekt erhalten, d.h. bewahrt bleiben? Ontogenetisch bildet sich innere und äußere Realität dadurch, daß das Neugeborene die äußere Welt in sich hineinnimmt, bzw. hineinnehmen muß. Zwar nimmt der Säugling die Welt der Objekte in seiner eigenen triebgebundenen Raum-Zeitlichkeit wahr, umgekehrt wird das inkonsistente psychosomatische Potential von den Erwachsenen in die Struktur der gesellschaftlichen Raum-Zeitlichkeit gezwungen: Das „Nein" der Mutter stellt den Sog der Zeichengebärde des Neugeborenen auf die symbolisierende Kompetenz des Handelns dar (Spitz, R. A., 1957): „Insbesondere erhebt sich die Frage, ob die Repräsentanzenwelt eine Welt sein wird, die vom Ich beherrscht wird, oder aber eine, die das Ich beherrscht. Letzteres wird der Fall sein, wenn die Repräsentanzen reinen Triebcharakter haben, mit Triebenergie aufgeladen sind; ersteres wenn das nicht der Fall ist. Man kann also sagen: Wenn die Objekte in den Interaktionen stattfinden, ‚Sexualobjekte' (...) sind, resultiert ein passives, von ihnen bzw. von den ihnen korrespondierenden Imagines abhängiges und gesteuertes Verhalten. Erst wenn die Sexualobjekte zu objektiv realen Liebesobjekten geworden sind, oder — um genauer zu sein — wenn jene gleichsam reinen Triebgebilde durch diese, die ihre wesentliche Wurzel in der äußeren Wahrnehmungserfahrung haben, neutralisiert sind, ist ein Ich als aktives, handlungsvollziehendes Zentrum vorhanden. Das kann erst der Fall sein, nachdem das Ich gebildet ist, und zwar über Identifizierungsvorgänge mit dem Liebesobjekt, mittels deren es sich sozusagen selbst dem Es als Liebesobjekt aufgedrängt hat (Freud)" (Loch, W., 1971, S. 902 ff.). Indem sich das Ich gegen ein konstantes Objekt — objektives Objekt — hergestellt hat, wird das Objekt für das Ich disponibel, aufhebbar, was heißt: Es kann es verwenden. Winnicott hat darauf hingewiesen, daß die Fähigkeit zur Objektverwendung eine höhere Entwicklungsstufe darstellt als die Fähigkeit zur Objektbeziehung: „Objektbeziehungen kann es bereits zu subjektiven Objekten geben, während Objektverwendung voraussetzt, daß das Objekt als Teil der äußeren Realität wahrgenommen wird.

Folgende Entwicklungsstufen sind nacheinander beobachtbar:

1. Das Subjekt steht in *Beziehung* zum Objekt.
2. Anstatt in die äußere Welt gestellt zu werden, wird das Objekt vom Subjekt aufgefunden.
3. Das Subjekt *zerstört* das Objekt.
4. Das Objekt überlebt diese Zerstörung.
5. Das Subjekt kann das Objekt *verwenden.*

Das Objekt wird immer wieder zerstört. Diese Destruktion wird zum unbewußten Hintergrund für die Liebe zum realen Objekt, das außerhalb der omnipotenten Kontrolle des Subjekts steht. Die Untersuchung dieses Problems führt zur Feststellung, daß Destruktivität einen positiven Aspekt hat. Überlebt das Objekt die Destruktion, so erhält es dadurch, also bedingt durch Destruktion, eine Position außerhalb desjenigen Objektbereichs, der durch die psychischen Projektionsmechanismen des Subjekts aufgebaut wird. So entsteht eine Welt erlebter Realität, die das Subjekt verwenden kann und aus der es seine ‚Nicht-ich'-Substanz beziehen kann" (Winnicott, D.W. 1973, S. 110)." Je umfassender das Kind die subjektiven Objekte als eine von ihm selbst geschaffene Welt erfährt, desto größer die Wahrscheinlichkeit, daß ungeschmälerte Objektverwendung später gelingt. Kulturtheoretisch kommentiert Klaus Theweleit Winnicotts „Objektverwendung": „Ein sehr schwieriger Text Winnicotts (wegen der weitgehenden Unbekanntheit dessen, wovon er schreibt, unter Menschen); wäre diese Art der am Leben lassenden Objektverwendung tatsächlich verbreiteter, käme er einem vielleicht so einfach vor wie Atemholen... wenn man aber sieht, mit welcher Exaktheit und ‚Unausweichlichkeit' auch in kleinsten Dimensionen und bei allergeringsten Anlässen das ‚Sich-nicht-Rächen', das Winnicott als Voraussetzung dieser Objektbeziehungsstruktur beschreibt, eben *nicht* die Realität der Momente wird, sondern die ebenso faden wie dünnlippigen Rachen sich vollziehen (vollkommen befriedigungslos sich vollziehen), kann man ermessen, wie weit die Verwendung, die die Subjekte von sich selber machen, von der Freiheit der Objektverwendung (und das heißt, von der Freiheit, jemand anderen als Selbständigen zu lieben) wirklich entfernt ist" (Theweleit, K. 1988, S. 738 ff.). Je fortgeschrittener die Positionen einer objektbeziehungspsychologisch reformulierten Psychoanalyse, desto deutlicher erweisen sich ältere philosophische Reformulierungen unter veränderten gesamtgesellschaftlichen Bedingungen als außerordentlich aktuell: „Das erste Moment in der Liebe ist, daß ich keine selbständige Person für mich sein will, und daß, wenn ich dies wäre, ich mich mangelhaft und unvollständig fühle. Das zweite Moment ist, daß ich mich in einer anderen Person gewinne, daß ich in ihr gelte, was sie wiederum in mir erreicht. Die Liebe ist daher der ungeheuerste Widerspruch, den der Verstand nicht lösen kann, in dem es nichts Härteres gibt als diese Punktualität des Selbstbewußtseins, die negiert wird, und die ich doch als affirmativ haben soll. Die Liebe ist die Hervorbringung und die Auflösung des Widerspruchs zugleich; als die Auflösung ist sie die sittliche Einigkeit" (Hegel, G.W.F. 1927, VIII, S. 222). Daß Erkenntnisarbeit und Liebesarbeit in der Psychoanalyse so nahe beieinander liegen, macht das Begreifen des Forschungsgegenstandes der Psychoanalyse nicht leichter, sondern eher schwerer: Wenn einem in diesem Sinne etwas zu schwer wird, dann kann es einem gehen wie der Frau von Lot, die nach Sodom zurückblickte und zur Salzsäule erstarrte, die ich 1975 in Israel sehen konnte. Schockartig schoß mir durch den Kopf — selbstredend: merkwürdig, was die menschliche Seele alles ertragen oder nicht ertragen kann? Und sofort hatte ich einen Patienten vor mir. Ein Patient stand eines Tages mit einer eisernen Brechstange kataton erstarrt vor meiner Wohnungstüre. Offenbar hatte der damalige Stand unserer Erkenntnis- und Liebesarbeit dazu beigetragen, daß seine Erhaltungsmechanismen mir gegenüber stärker waren als die Intention, mir sein Eisenteil durch die Tür ins Gehirn zu rammen.

2.24 Der Forschungsgegenstand der Psychoanalyse im Kontext ideologiekritischer Perspektiven

Der zentrale Forschungsgegenstand der Psychoanalyse ist das Phänomen der Übertragung; es ist ihr Materialobjekt. Loch formuliert, „daß — und darin liegt sowohl eine Auszeichnung als auch eine außerordentliche Schwierigkeit der Psychoanalyse — das Materialobjekt, die Übertragung, zugleich Formalobjekt ist, d.h. Untersuchungsgegenstand und Forschungswerkzeug; Untersuchungsgegenstand und das, woraufhin er untersucht wird, gehören zur selben Klasse. An diesem Tatbestand liegt es, daß die Dialektik der doppelten Negation operatives Prinzip unserer Technik ist" (Loch, W. 1972, S. 180). Je reifer die Objektbeziehung im Sinne der Objektverwendung sich entwickelt, desto enger gelingt eine intentionale Beziehung des Subjekts zu sich selbst; unter dem Vorrang des Objektes wird das Subjekt als sich selbst verdoppelnde Repräsentanz sowohl als inneres als auch als äußeres Objekt intendiert: Dieser doppelten Realität aus einer Affirmation der Affirmation, in der die Objektbeziehung durch die Objektverwendung affirmiert wird, korrespondiert entsprechend in der psychoanalytischen Forschungs- und Behandlungssituation die Negation der Negation. Dieser dialektischen Bewegung von Affirmation der Affirmation, sowie von Negation der Negation, entspricht die von inneren Objektrepräsentanzen und von Objektvorstellungsrepräsentanzen: Alle Wirklichkeit ist zunächst von den Subjekten interpretierte Wirklichkeit; da aber diese Wirklichkeit von den Subjekten wesentlich nicht bewußt veranstaltet wird, sondern sich über ihren Köpfen ständig verselbständigt, gibt es einen scheinbar objektiven Interpretationszwang. Wenn diese Objektivität bruchlos in sich selbst aufginge, wäre es angemessen, *nur* von Objektvorstellungen zu sprechen, womit jedoch die Differenz von Zeichen und Symbolen zugunsten des Zeichens negativ aufgehoben wäre: Repräsentanz und Vorstellung wären dann austauschbar. Da aber subjektive Interpretation nicht vollends im objektiven Interpretationszwang aufgeht und umgekehrt die sich fortwährend selbst objektiv interpretierende Welt des Imperialismus und Sozialimperialismus (Habermas, J. 1973) sich nicht eindimensional im Subjekt festschreibt, ist an der Differenz von Subjekt-Objekt-Vorstellung und Subjekt-Objekt-Vorstellungsrepräsentanzen festzuhalten. Diese Differenz impliziert das Verhältnis von Ich und Nicht-Ich im Subjekt, im Sinne dessen, was Adorno „Nicht-Identität" (Adorno, Th. W. 1966) nennt. Hier handelt es sich aber nicht um eine bloße theoretische Abstraktion der Sozialwissenschaften in der Nachfolge Adornos, sondern vielmehr erscheint hier die theoretische Abstraktion ein mehr oder weniger bewußtloser Reflex der *gesellschaftlichen Realabstraktion* zu sein, d.h. des historischen Tatbestandes, daß der die kapitalistische Gesellschaft kennzeichnende Grundwiderspruch von gemeinschaftlicher Produktion und nichtgemeinschaftlicher Aneignung durch die Selbstbewegung des Kapitals Anforderungen an das subjektive Arbeitsvermögen hervorbringt, die es zwingen sollen, einen scharfen lebensgeschichtlichen Bruch zwischen den Grundqualifikationen allgemeiner Denk-, Sprach- und Handlungsfähigkeit auf der einen Seite und Arbeitsqualifikationen auf der anderen zu ertragen und zu verinnerlichen. Diese repressive Trennung läßt sich jedoch nicht bis zum totalen Zerreißen des Lebenszusammenhangs der Menschen auf die Spitze treiben: seine Einheit drückt sich negativ in der Nicht-Identität von subjektiven Bedürfnisinterpretationen der gesellschaftlichen Handlungsmöglichkeiten aus. Die quasi transzendentalen Regeln, nach denen die Menschen ihre soziale Wirklichkeit konstruieren, die m.E. im Kern des Ichs bei allen Individuen dieser Welt wirksam sind, sollen hierbei in ihrer historisch-empirischen Änderbarkeit aus dem bewußten Nachvollziehen der Individuen ausgeschlossen bleiben. Diese Nicht-Identität läßt sich nur aufrechterhalten, weil sie aus dem Bewußtsein der Individuen, die die Gesellschaft ausmachen, überwiegend ausgeblendet ist. Dieses Ausblenden hat seine systematischen Ursachen in den gesellschaftlichen Bedingungen der Interpretierbarkeit sozialer Wirklichkeit, die sich im Antagonismus von bürgerlicher und proletarischer Öffentlichkeit konstituieren: „Während als selbstverständlich gilt, daß bürgerliche Öffentlichkeit Bezugspunkt nicht nur für bürgerliche Klassen und

Interessen ist, gilt nicht in gleicher Weise als selbstverständlich, daß auf der Gegenseite proletarische Erfahrung und ihre Organisation als Öffentlichkeit ebenfalls Kristallisationspunkt ist: für eine Öffentlichkeit nämlich, die die Interessen und Erfahrungen der erdrückenden Mehrheit der Bevölkerung wiedergibt, so wie diese Erfahrungen und Interessen wirklich sind. Proletarisches Leben bildet keinen Zusammenhang, sondern ist durch die Blockierung seiner wirklichen Zusammenhänge gekennzeichnet. Die Form des gesellschaftlichen Erfahrungshorizontes, die diesen Blockierungszusammenhang *nicht* aufhebt, sondern befestigt, ist die bürgerliche Öffentlichkeit" (Negt, O./Kluge, A. 1972, S. 10). Negt und Kluge, die im Anschluß an Adornos und Horkheimers „Dialektik der Aufklärung" argumentieren, differenzieren methodisch sehr präzise, daß proletarische Öffentlichkeit in diesem Sinne nicht identisch ist als Kategorie mit der empirischen Arbeit der Öffentlichkeit; sie meinen mit proletarischer Öffentlichkeit einen der empirischen Arbeiteröffentlichkeit, die gleichzeitig bürgerliche Strukturen hat, wirksamen Prozeß, weshalb proletarische Öffentlichkeit und der hier zugrunde liegende Begriff organisierter gesellschaftlicher Erfahrung auf weite Strecken identisch sind mit dem, was die marxistische Tradition Klassenbewußtsein und Klassenkampf nennt. Aber auch diese Begriffe bezeichnen unter den heutigen Bedingungen bestimmte mögliche Resultate, nicht jedoch die Vermittlung und ihre Voraussetzungen bzw. Entstehungsbedingungen, sowie den konkreten Zusammenhang ihrer Elemente im einzelnen. Die Entstehungsbedingungen proletarischer Öffentlichkeit und der konkrete Zusammenhang ihrer Vermittlung lassen sich nämlich aus den unmittelbaren Resultaten dessen, wie zum Beispiel die Bundesrepublik als politisch-ökonomisches Ganzes heute verfaßt ist, nicht unmittelbar ableiten.

Hier stellt sich die Frage, was haben denn Objektbeziehungen mit Arbeitsverhältnissen zu tun. Pars pro toto will ich an dieser Stelle noch einmal Loch zitieren, der schreibt, daß in den wichtigen Arbeiten Winnicotts „der Weg zur ‚objektiven Einschätzung der Objekte' herausgearbeitet wird, der Zusammenhang zwischen ‚subjective objects' und ‚objective objects'. Hier geht es um die Transformation einer narzißtisch-egozentrischen, von Triebbedürfnissen bestimmten Welterfahrung zu einer ‚objektiven', von *Arbeitsverhältnissen* (Hervorhebung St. B.) bestimmten Realität, in der die Dinge in ihrer Eigenständigkeit anerkannt werden müssen (vgl. St. Becker und R.S. Zons, 1975)" (Loch, W. 1985, S. 225). Wer psychoanalytische Entwicklungstheorie jenseits von Sozialwissenschaft denken möchte, könnte sagen, ist es denn nicht so, daß ein Kind zuerst in Kontakt mit der Welt tritt, noch ehe es spielen kann, dann entwickelt es das Spielen, dann das Lernen und zu guter Letzt kommt das Arbeiten auf den Tisch; was soll der ganze Aufwand, die halbherzige Symbiose aus westlichem Marxismus und Psychoanalyse seit den Zwanziger Jahren immer wieder neu aufzuwärmen? Die Antwort auf diese Frage ist nicht bloß theoretisch entscheidbar, weil die Verhältnisse in der von uns gelebten Empirie solche sind, daß wir in ihr nicht bloß das Hintereinander von Spielen, Lernen und Arbeiten im Sinne einer vertikalen Hierarchisierung menschlicher Handlungsmöglichkeiten erleben, sondern das Spielen, Lernen und Arbeiten plus alle ihre primitiven Vorformen immer auch in einer Horizontalen wirksam sind und sich ständig tangieren. Ich möchte wetten, daß die frühen Objektbeziehungen, insbesondere die Erfahrungen der ‚subjective objects' des Kindes eines Arbeiters bei Opel in Rüsselsheim von den ‚objective objects' tangiert werden, selbst wenn nur der Vater derjenige ist, der in die Opel-Fabrik geht, dort arbeitet und die bleihaltige Luft in der Lackierabteilung einatmet.

Die von mir geäußerte Mutmaßung, daß sich der Lebenszusammenhang der Menschen nicht beliebig zerreißen ließe, hängt mit einem Glauben an die Möglichkeiten der Phantasietätigkeit zusammen. Die Fähigkeit der Phantasie, eigene Erfahrungen zu organisieren, ist vielfach verformt von sozialen Klischierungen vom Produktionsprozeß bis hin zur Kulturindustrie. „Die quantifizierende Zeit des Produktionsprozesses, in der es nur linear verlaufende Zeitspannen gibt, die zweckbestimmt miteinander verknüpft sind, ist generell phantasiefeindlich; gerade sie ist aber hilflos gegenüber dem besonderen

Zeitmechanismus, der ‚Zeitmarke' (S. Freud) der Phantasie. Die Phantasietätigkeit legt sich nämlich quer zur verwerteten Zeit. Ihre spezifische Bewegung, wie Freud sie beschreibt, verbindet in jedem Moment aktuellen gegenwärtigen Eindruck, vergangenen Wunsch und zukünftige Wunscherfüllung. Unter dem Gegensatz von Lustprinzip und Realitätsprinzip wird die Phantasie bei allen Menschen diesen Mechanismus, der Gegenwart, Vergangenheit und Zukunft zu assoziieren versucht, aufweisen; dieser Mechanismus selber ist nicht klassenspezifisch. Das Phantasiematerial jedoch, das auf dem Wege dieser Assoziationen sich umsetzt, und insbesondere der Verzerrungsgrad dieser Phantasien unter dem Druck des gesellschaftlichen Realitätsprinzips, unter dem Einfluß der zerstückelten Lebenszeit, dürfte von der Stellung im Produktionsprozeß absolut abhängig sein. Das gleiche gilt im Hinblick darauf, ob die Phantasien einen verkümmerten oder einen entfalteten Ausdruck finden" (Negt, O. / Kluge, A. 1972, S. 69 ff.). Den Zusammenhang zwischen Phantasietätigkeit und Arbeitsprozeß stellt Freud auch her, allerdings über den Dichter und sein Phantasieren; der Aspekt, wer welcher Klasse zugehört, kann an dieser Stelle vernachlässigt werden, denn die jeweils andere Klasse kann nicht nur unter einem defizithypothetischen, sondern auch unter einem differenzhypothetischen Aspekt angesehen werden, weshalb der gesamtgesellschaftliche Entfremdungszusammenhang bei klassenspezifisch extrem auseinanderfallenden Individuen auf dem jeweils entgegengesetzten Pol erscheint — mit allen Konsequenzen. Freud schreibt: „Nehmen Sie den Fall eines armen und verwaisten Jünglings an, welchem Sie die Adresse eines Arbeitgebers genannt haben, bei dem er vielleicht eine Anstellung finden kann. Auf dem Wege dahin mag er sich in einem Tagtraum ergehen, wie er angemessen aus seiner Situation entspringt. Der Inhalt dieser Phantasie wird etwa sein, daß er dort angenommen wird, seinem neuen Chef gefällt, sich im Geschäft unentbehrlich macht, in die Familie des Herrn gezogen wird, das reizende Töchterchen des Hauses heiratet und dann selbst als Mitbesitzer wie später als Nachfolger das Geschäft leitet" (Freud, S. VII, S. 218).

Der Begriff der Öffentlichkeit bezeichnet also ein klassenspezifisch zu differenzierendes Gefüge von Interpretationssystemen gesellschaftlicher Erfahrungen; erst in diesem systematischen Zusammenhang läßt sich ein umfassender Begriff von klinischer und kulturkritischer Forschungsarbeit der Psychoanalyse entwickeln, der die ideologischen, dem gesellschaftlichen Schein verhafteten Interpretationen der sozialen Wirklichkeit nicht empiristisch verdoppelt, sondern eine Untersuchungsarbeit begründet, die die Sinnlichkeit ideologischen Interpretations- und Deutungszwangs durchbricht. Interpretationen sozialer Wirklichkeit, ihre Genese und Geltung – die sich immer auf gesellschaftlich anerkannte im Gegensatz zu nicht anerkannten Bedeutungen und Deutungen organisierende Regeln im Sinne einer Grammatik von Interaktionen und Verkehrsformen beziehen – sind kein abstrakter theoretischer Vorgang, sondern nichts anderes als die Vermittlung von Arbeitsbewußtsein, Lern- und Erfahrungsprozessen durch die und in der Lebenspraxis. Das hat methodische Konsequenzen für jegliche Forschungsarbeit, mit der Perspektive, die Beliebigkeit bzw. den Schein der Zufälligkeit von Interpretationen und ihren Materialisierungen in der sozialen Wirklichkeit zu durchschlagen, um damit dazu beizutragen, eine entideologisierte Lebenspraxis erfahrbar zu machen.

Bedeutungen und Bedeutungen organisierende Regeln (Wittgenstein, L., passim) von Interaktionen und Verkehrsformen gehen nicht ineinander auf; sinnspezifisch sind sie durch die Logik des gesellschaftlichen Zwangs auch noch im extremen Auseinanderfallen aufeinander bezogen: davon gibt nicht zuletzt die sinnliche Kontinuität vieler sinnloser Bedeutungen und Regeln unserer Alltagspraxis Zeugnis: „Im Sinnverlust ... repräsentiert sich die Legitimationskrise des Spätkapitalismus, also seine zunehmenden Schwierigkeiten, die in strukturell konstituierenden Widersprüche glaubwürdig, d.h. für alle Beteiligten überzeugend, klären zu können, Widersprüche etwa zwischen gesellschaftlicher Produktion und nichtgesellschaftlicher Aneignung des Produzierten, zwischen dem Postulat sozialer Demokratie und bestehender Ungleichheit, zwischen strukturellen Produktions- und Leistungszwängen und den

Gestaltungsmöglichkeiten des einzelnen. Aus solchen Widersprüchen und Antagonismen ergeben sich Rebellionen, Unsicherheit und Angst und Apathie; das in dieser Situation unvermeidlich werdende Krisenmanagement hat die doppelte Aufgabe, Protest, Unruhe und Versagen zu unterdrücken oder zu verdrängen und die gesellschaftlich notwendige Produktivität zu garantieren... Sinnverlust und Krisen aber dürfen nicht nur als Verlust, Komplikationen und Bedrohung verstanden werden; Konflikte entstehen, weil Spannungen nicht mehr verdeckt werden, Konflikte sind immer auch — mit Bloch formuliert — *Indiz jener Unruhe des ‚Noch-Nicht'* (Hervorhebung St.B.), die Entwicklung vorantreibt; in Konflikten zeigen sich ein neues Anspruchsniveau und zugleich damit neue Perspektiven, es zu erfüllen... Von hier aus gesehen — bietet die Chance, die in Krisen und Konflikten sich anzeigenden Möglichkeiten des Neuen zu befördern; Beratung ist ein Medium der Emanzipation, durch das ein neuer Anspruch auf freiere, glücklichere, selbständigere Lebensformen geebnet und — vielleicht — mitrealisiert werden kann" (Thiersch, H. 1977, S. 96 f.). Bezogen auf das „noch nicht" fügte Bloch immer wieder hinzu, es käme nur darauf an, daß wir alle auch wollten, was wir könnten; es kann hier vernachlässigt werden, ob diese Willensmetaphysik bei Bloch von Fichte und/oder Schopenhauer stammt, moralisch hat sie jenen interaktionistischen Schwung unterstützt, der zum Beispiel auch aus der hier von mir zitierten Passage von Thiersch spricht, aber psychoanalytisch betrachtet ist sie morsch, weil sie suggeriert, die Aufhebung der Entfremdung der Welt sei unmittelbar bewußt machbar, fast so,als ob man das schöne Buch von E. Goffman „Wir spielen alle Theater" (1969) direkt in die Tat umsetzen könnte und anstelle des schlechten Theaters ein besseres, um nicht zu sagen, ein vorzügliches, in Szene zu setzen. Die Illusion der bewußten Machbarkeit der Welt ist aber selber empirisch an das ihr zu Grunde liegende, letztlich gesellschaftlich erzeugte Unbewußte gebunden. Es ist bemerkenswert, daß die Passage Thierschs in einen Zeitraum der Habermas-Rezeption in der deutschen Pädagogik fällt, in der Habermas sich von der Psychoanalyse so weitgehend distanziert hatte, daß er immerhin schon vier Jahre, denen sieben weitere folgen sollten, keinen Bezug mehr auf die Psychoanalyse in seinen Arbeiten nahm, statt dessen aber voll und ganz einer Bewußtseinspsychologie verfiel: hier paßt sich seine Rezeption des symbolischen Interaktionismus von George Herbert Mead mühelos ein. Hatte er noch im Umfeld der Diskussion um „Erkenntnis und Interesse“ (Habermas, J. 1973) in seinen Seminaren programmatisch angekündigt, daß sie die Vermittlung zwischen Freud und Mead wesentlich zum Gegenstand haben sollten, unbewußte Konflikte im einzelnen Subjekt in termini der Störungen sozialer Systeme, insbesondere Motivations- und Legitimationskrisen von Institutionen, zugänglich zu machen — et vice versa — so hat ihm erst mit beachtlicher Verzögerung gedämmert, daß der von ihm hypostasierte herrschaftsfreie Dialog, genauso wie die Bewußtseinspsychologie des symbolischen Interaktionismus, nichts anderes tut, als das aufzuplustern, was Freud als das „arme kritische Ich“ in seiner 31. Vorlesung (Freud, S., XV., S. 84; Denker, R. 1985, S. 56 ff.) beschrieb. Der moralische Rigorismus des symbolischen Interaktionismus (Mead, G.H. 1968) in Verbindung mit dem schon zitierten Pragmatismus von Peirce und seine Bedeutung für die liberale Demokratietradition in den Vereinigten Staaten von Amerika und ihre Zitierbarkeit für europäische Verhältnisse soll hier nicht in Frage gestellt werden; es geht eher darum, ob nicht die Einbeziehung des gesellschaftlich erzeugten Unbewußten (Erdheim, M. 1982) zu einem scharfsinnigeren Verständnis komplexer psychosozialer Zusammenhänge in Verbindung mit einer größeren politischen Tiefe führen könnte: „Denn, wenn die Lebensbedingungen in dem so gut wie geschlossenen System Erde fraglich werden, ist jeder in Gefahr — und eine Lösung der weltweiten Probleme bei sonstiger Strafe des Untergangs kommt allen, d.h. jedem zugute.

Da diese Dimensionen als zu groß unanschaulich bleiben, können sie auch nicht wie der Nahbereich emotional positiv besetzt werden. Darum kann sich in diesen Bereichen auch keiner ethisch am Gewissen orientieren, sondern muß im Konsensus, der politisch, wenn auch *nicht herrschaftsfrei* (Hervorhebung St.B.), denkbar ist, mit möglichst vielen anderen das

Handeln bestimmen (Denker, R. 1985, S. 67). In dieser Richtung besinnt sich Habermas zunächst 1985 (Habermas, J. 1985, S. 213 ff.), indem er die Psychoanalyse neu ernst zu nehmen versucht, was dazu führt, daß er in seiner neueren und neusten Rezeption von George Herbert Mead dessen Bewußtseinspsychologie stärker als je zuvor mit der Analyse unbewußter Prozesse in Verbindung zu bringen versucht. Auf die beiden zentralen Begriffe „I" and „Me" von George Herbert Mead eingehend, die in jedem von uns die Balance von sozialer und individualer Identität ausmachen, schreibt Habermas: „Mead begreift dieses ‚Me' als den ‚generalized other', d.h. als die in die Person gleichsam eingewanderten normativ generalisierten Verhaltenserwartungen der sozialen Umgebung. Dieser Instanz gegenüber verhält sich das ‚I' wiederum als Spontaneität, die sich dem Bewußtsein entzieht. Aber das praktische Ich bildet, anders als das epistemische, ein *Unbewußtes* (Hervorhebung St.B.), das sich in *zweifacher* Weise bemerkbar macht: als Andrang der Impulse, die der Kontrolle unterliegen, wie auch als Quelle der Innovationen, die *konventionell erstarrte Kontrollen aufbrechen* und *erneuern* (Hervorhebung St.B.). Die epistemische Selbstbeziehung war durch ein ‚Me' möglich geworden, welches das spontan handelnde Ich in der Erinnerung so festhält, wie es sich in performativer Einstellung einer zweiten Person darstellt. Das praktische Selbstverhältnis wird durch ein ‚Me' ermöglicht, das der Impulsivität und der Kreativität eines widerständigen ‚Ich' aus der intersubjektiven Perspektive des gesellschaftlichen ‚wir' Schranken zieht. Aus dieser Perspektive erscheint das ‚Ich' einerseits als Druck einer vorsozialen Triebnatur, andererseits als Stoß der schöpferischen Phantasie — oder als Anstoß zur innovativen Veränderung einer Sichtweise. Diese Differenz soll wiederum der Erfahrung Rechnung tragen, daß die institutionalisierten Formen des gesellschaftlichen Verkehrs durch *die Revolte abgespaltener Motive und unterdrückter Interessen* (Hervorhebung St.B.) auf eine *andere* Weise in Frage gestellt werden als durch den Einbruch einer revolutionär erneuerten Sprache, die uns die Welt mit neuen Augen sehen läßt.

In beiden Fällen erweist sich das ‚Me' des praktischen Selbstverständisses als eine konservative Macht. Diese Instanz ist mit dem Bestehenden verschwistert. Sie spiegelt die Lebensformen und Institutionen, die in einer partikularen Gesellschaft eingespielt und anerkannt sind. Sie fungiert im Bewußtsein der vergesellschafteten Individuen als deren Agent und vertreibt alles spontan Abweichende aus dem Bewußtsein. Auf den ersten Blick ist es kontra-intuitiv, daß Mead diese unbewußten Kräfte der spontanen Abweichung — statt wie Freud dem ‚Es' — einem ‚Ich' zuschreibt, während er das ‚Selbst' des praktischen Selbstverhältnisses, also die Identität der Person, das Bewußtsein der konkreten Pflichten, als das anonyme Ergebnis sozialisatorischer Interaktionen begreift. Diese Irritation verschwindet auch dann nicht ganz, wenn man einsieht, daß es sich dabei keineswegs um einen willkürlichen Sprachgebrauch handelt, sondern um die Pointe des ganzen Ansatzes" (Habermas, J. 1988, S. 219 ff.). Auf einem solchen Hintergrund wird auch mit Habermas künftighin wieder über Formal- und Material-Objekt in der Psychoanalyse verhandelt werden können.

Die besonderen Schwierigkeiten, die Übertragung als Formal- und Materialobjekt anzuerkennen, bestehen im unmittelbaren Umgang des Analytikers mit dem Analysanden bzw. des Therapeuten mit seinem Patienten darin, Voraussetzungen eines unaufdringlichen Umgangs zu schaffen, bei dem der Patient letztlich Subjekt der Deutung seines Lebens wird. Freud gibt als Grundregel psychoanalytischer Arbeit an: „Man halte alle bewußten Einwirkungen von seiner Merkfähigkeit ferne und überlasse sich völlig seinem ‚unbewußten Gedächtnisse', oder rein technisch ausgedrückt: Man höre zu und kümmere sich nicht darum, ob man sich etwas merke" (Freud, S. 1912, S. 378). Entsprechend sagt Winnicott über sich, er tue seine Arbeit weniger intellektuell als „sehr weitgehend, sozusagen aus dem Körper-Ich" (Winnicott, D.W. 1965, S. 212): Das wäre allen Vertretern einer entlibidinisierten Psychoanalyse ins Stammbuch zu schreiben.

Der aufdringliche Analytiker zwingt den Patienten sein Sprachspiel (Wittgenstein, L. 1967 passim; 1973 passim) auf, statt mit ihm zu spielen. Psychotherapie geschieht aber „dort, wo zwei Bereiche des Spielens sich überschneiden: der des Patienten und der des Therapeuten. Psychotherapie hat mit zwei Menschen zu tun, die miteinander spielen. Hieraus folgt, daß die Arbeit des Therapeuten dort, wo Spiel nicht möglich ist, darauf ausgerichtet ist, den Patienten aus einem Zustand, in dem er nicht spielen kann, in einen Zustand zu bringen, in dem er zu spielen imstande ist" (Winnicott, D.W. 1973, S. 49). Der Begriff des Spielens bei Winnicott ist einer forschungsorientierten Analyse allemal näher als dem reduktionistischen Therapiebegriff der Medizin, die sich auf die Behandlung von Krankheiten und nicht von ganzen Personen konzentriert. Umgekehrt ist der reduktionistische Begriff von Therapie einer, der allemal ganze Personen affiziert, d.h. daß es Sinn macht, an der Revision und Präzisierung des Verständnisses von Therapie zu arbeiten, weil Therapie im psychoanalytischen Sinne allemal etwas mit grundlegender, letztlich die Verhältnisse revolutionierender Veränderungen der gesamten Person zu tun hat.

Die psychosoziale Raum-Zeitlichkeit der Psychoanalyse beschränkt sich nicht auf die Dauer der Sitzungen, sondern greift in die Raum-Zeitlichkeit des Patienten auch außerhalb ein. Psychoanalyse ist innerhalb und schafft außerhalb im gelungensten Fall eine Übergangswelt, in der der Patient in der Lage ist, ständig die verlorene Zeit wiederzufinden, d.h. das Zerreißen seines Lebenszusammenhangs immer wieder neu zu überwinden in einem Kontinuum, bei dem er sich je neu herstellende Fremdheit sich selbst gegenüber überwindet. „Von dieser Übergangswelt kann und darf die Welt der Institutionen, besonders der psychiatrischen, aber auch der Schulen, Fabriken und Gefängnisse (plus Kirchen und psychoanalytischen Vereinigungen — Einfügung St.B.), nicht unberührt bleiben, gerade weil die schlechte Empirie der herrschenden Verhältnisse dem aufs äußerste widerspricht! Die Zwänge von Institutionen und der Schrecken individueller Interaktionen müssen — und das ist unseres Erachtens die ideologiekritische Forschungsperspektive der Psychoanalyse — in Objektbeziehungen aufgelöst werden. So durchschlägt Psychoanalyse das vulgär-ontologische Syndrom einer Welt von bloßen Dingen und Ereignissen, wenn sie nicht selbst von diesen Dingen und Ereignissen durchschlagen wird... Sie kann aber nur gelingen, ... wenn die Psychoanalyse primär als Forschungsunternehmen begriffen wird. Das impliziert wesentlich, daß der Analytiker ständig bereit und in der Lage ist, von seinen Patienten zu lernen. Lernen heißt Loch zufolge: Die schönsten Momente in der Psychoanalyse sind die, in denen der Analytiker Deutungen, die ihm der Patient gibt, akzeptieren darf (Loch, W. 1974)." (Becker, St. und Zoons, R. 1975, S. 54).

Die Zwänge von Institutionen und die Schrecken individueller Interaktionen in Objektbeziehungen aufzulösen, verweist auf die fortlaufende Kreativität, die uns die Chance des Weiterlebens gibt. „So gesehen stellen alle Menschen gleichsam eine Experimentiergemeinschaft von Interpreten dar, denn sie sind an dem großen Spiel beteiligt, Gedankenbedeutungen zu finden, die indem sie immer auch Antworten sind auf neue Bedürfnisse und Fragen, wie sie das unaufhörliche Fortschreiten des *Werdens der Welt* aufwirft, aufwerfen muß, die Welt, die innere wie die äußere, besser, umfassender begreifen lassen, sie reicher und ‚wertvoller' werden lassen. Dazu gehört allerdings, jene Gedanken und Bedeutungen auszuschließen, an ihrer Entwicklung und Realisation zu hindern, die die Welt, weil sie sich aus narzißtisch-autistischer Perspektive herleiten und so den Zusammenhang mit dem Ganzen vergessen, ärmer machen, ja Gefahr laufen, eine Wahnwelt zu erzeugen, die nur untergehen kann. Es könnte sein, daß der Mensch nicht die Fähigkeit besitzt, Gedanken, die dem Leben und seiner Mehrung dienen, von denen, die in seiner Auslöschung enden, zu unterscheiden. Ja, es darf letztlich als wahrscheinlich gelten, daß ihm solch' Schicksal notwendig widerfährt, denn als endliches Wesen vermag er nicht eine zu dieser Endlichkeit exzentrische Position zu gewinnen, was aber die Voraussetzung dazu wäre, daß er die Bedingungen seiner Existenz total erfaßt und also sicher wissen kann, was seinem Leben dient. Ja, er kann nicht einmal wissen, ob ‚dem Leben dienen' ein Telos des Gesamt-Geschehens ist, das in Freud'scher Sicht entscheidend vom ‚Es, dem eigentlich Seelischen' (Freud, G.W. XIV.

S. 223), bestimmt wird, daß ‚rücksichtslose Triebbefriedigung fordert'... was ‚zum Untergang führen' (Freud, 1938, G.W. XVII. S. 128) kann. Der ‚Mythos' spricht deshalb zu Recht davon, daß erst nach der Zertrümmerung dieser Welt, nachdem eine neue Erde und ein neuer Himmel enstanden sind, ‚ewiges' Leben zur Realisation gelangen kann und erreicht mit dieser Logik die Stabilisierung des dem Tode verfallenen Lebens in dieser Welt" (Loch, W. 1985, S. 120 ff.).

III.

Nicht-Wissen und Wissen, Katastrophe und Glauben

3.1 Nicht-Wissen und Wissen bei Winnicott und Bion

In der psychoanalytischen Behandlung psychotischer Patienten brauchen wir immer sehr viel Nicht-Wissen, um gemeinsam mit dem Patienten zu Wissen zu gelangen; wir müssen in der Lage sein, Stadien der Desintegration des Patienten in uns aufzunehmen so weitgehend, daß wir selbst in Zustände tiefer Verwirrung geraten, bei denen wir mindestens ein Stadium der Nichtintegriertheit durchleben, über das wir ahnen können, was die vielfältige Zerrissenheit eines fragmentierten psychotischen Menschen ausmacht. Die Dauer von Stadien solcher Nichtintegriertheit, in denen die psychische Katastrophe des Patienten Raum gewinnt, ist abhängig von einer Gegenkatastrophe, die Bion „Glauben" (F) nennt und die den Halluzinationen des psychotischen Patienten mit einer multiplen Halluzination auf Seiten des Therapeuten bzw. des therapeutischen Teams begegnet.

Letzteres Bild mag einem Laien erscheinen, als ob Beelzebub mit Beelzebub begegnet werden sollte, was aber ein Irrtum ist. Denn der Schmerz der Integration, den ein psychotischer Mensch über die vielfältige Fragmentierung der Teile seiner Person abwehrt, kann zunächst einmal nur in der Übertragungs-Gegenübertragungspsychose mittels eines Gegenübers ausgehalten werden, das zwischen Fragmentierung und ersten Schritten im Hinblick auf eine Integration und auch vorübergehend wieder weg von ihr unternimmt, ohne ein Auslöschen psychischen Erlebens im Sinne eines restlosen Identitätsverlustes zu inszenieren. Es ist sehr schwierig, über diese Zusammenhänge zu schreiben, weil sie bislang fast nur dem verständlich sind, der selber schon mindestens eine Behandlung eines pychotischen Patienten vollständig mit durchlebt hat. Andererseits ist eine annäherungsweise dichte Beschreibung auch deshalb notwendig, weil die verbreitete Anschauung, die Behandlung psychotischer Patienten verkörpere etwas Magisches, dringend nach ihrer Entzauberung verlangt. Deshalb wird zunächst über Wissen und Nichtwissen in der Arbeit von Winnicott und Bion, ferner über die Auffassung von depressiver Position und paranoid-schizoider Position bei Melanie Klein zu reden sein, im weiteren über die veränderte Sichtweise Kleinscher Positionen bei Bion, um die Folgen dieser veränderten Sichtweise in seiner Auffassung von Katastrophe und Glauben verstehbar zu machen, die mit denen von Winnicott stärker übereinstimmen als mit denen von Melanie Klein, quod erat demonstrandum.

Über Wissen und Nichtwissen in der Behandlung schreibt Winnicott in seinem Buch „Reifungsprozesse und fördernde Umwelt“: „Ein Säugling ist mit der Mutter verschmolzen... Eine Veränderung tritt jedoch mit dem Ende der Verschmelzung ein... Die Mutter scheint zu wissen, daß der Säugling eine neue Fähigkeit hat, nämlich die, ein Signal zu geben, sodaß sie dahin gelenkt wird, die Bedürfnisse des Säuglings zu befriedigen. Man könnte sagen, wenn sie jetzt zu genau weiß, was der Säugling braucht, ist es Zauberei und bildet keine Grundlage für eine Objektbeziehung... Wir finden diese feine Einzelheit deutlich in der Übertragung unserer analytischen Arbeit wieder. Es ist sehr wichtig, daß der Analytiker, außer wenn der Patient in die früheste Säuglingszeit und einen Zustand der Verschmolzenheit regrediert ist, *nicht* die Antworten weiß, es sei denn, der Patient gibt ihm das Stichwort“ (Winnicott, D.W. 1964, S. 64 ff.).

Indem der Analytiker die Hinweise sammelt und Deutungsangebote macht, passiert es oft, daß Patienten die Hinweise und Stichwörter nicht geben und dadurch erreichen, daß der Analytiker in eine Patt-Situation gerät, d.h. daß er überhaupt nichts tun kann. „Diese Einschränkung der Macht des Analytikers ist für den Patienten wichtig, genau wie seine Macht, repräsentiert durch die richtige, im richtigen Augenblick gegebene Deutung, die auf die Hinweise und die unbewußte Mitarbeit des Patienten gegründet ist, der das Material liefert, welches die Deutung aufbaut und rechtfertigt. Das ist der Grund, warum der Analytiker in der Ausbildung manchmal bessere Analyse betreibt, als ein paar Jahre später, wenn er mehr weiß. Wenn er schon mehrere Patienten gehabt habe, findet er es ermüdend, sich der langsamen Gangart des Patienten anzupassen; er beginnt, Deutungen zu geben, die nicht auf Material beruhen, das der Patient am gleichen Tag geliefert hat, sondern auf seinem eigenen angesammelten Wissen oder auf seiner aktuellen Vorliebe für einen besonderen Ideenkreis" (Winnicott, D.W. 1984, S. 64 ff.). Dies hilft dem Patienten in keiner Weise weiter. Möglicherweise mag der Analytiker sehr klug in Erscheinung treten und beim Patienten Empfindungen der Bewunderung auslösen, „aber letzten Endes ist die richtige Deutung ein Trauma, das der Patient ablehnen muß, weil die Deutung nicht seine Deutung ist" (Winnicott, 1984, S. 66). In seinem Buch „Vom Spiel zur Kreativität" verdeutlicht Winnicott diese Auffassung: „Was ich... zu sagen habe, ist äußerst einfach. Diese Mitteilungen leiten sich aus meiner psychoanalytischen Erfahrung ab; ich möchte jedoch annehmen, daß ich vor zwei Jahrzehnten trotz meiner damaligen Erfahrung noch nicht zu diesen Mitteilungen in der Lage gewesen wäre, weil ich damals noch nicht über die Technik verfügte, die die Übertragungsvorgänge ermöglicht, die ich hier beschreiben möchte. So kann ich z.B. erst seit einigen Jahren auf die natürliche Entwicklung der Übertragung warten, die sich aus dem wachsenden Zutrauen des Patienten zur psychoanalytischen Technik und Anordnung ergibt, und vermeiden, diesen natürlichen Prozeß durch Deutungen zu unterbrechen. Es wird erkennbar werden, daß ich vom Deuten und nicht von der Deutung als solcher spreche. Ich bin selbst erschrocken, wenn ich daran denke, welche tiefen Veränderungen ich manchmal durch mein eigenes Bedürfnis, zu deuten, bei Patienten einer *bestimmten Kategorie* verhindert oder hinausgezögert habe. Wenn wir nur abwarten können, kommt der Patient von ganz allein kreativ und mit größter Freude zu einem Verständnis, und ich kann diese Freude heute mehr genießen als früher das Gefühl, klug zu sein. Ich glaube, meine Interpretationen haben heute vor allem die Aufgabe, dem Patienten die Grenzen meines Verstehens erkennbar werden zu lassen. Dabei gehe ich von dem Prinzip aus, daß der Patient, und nur er die Antwort weiß" (Winnicott, D.W. 1976, S. 110).

Bion bestätigt und radikalisiert die hier vorgestellte Konzeption Winnicotts: „Anstatt zu versuchen, ein brillantes, intelligentes und gelehrtes Licht auf ein obskures Problem zu werfen, schlage ich vor, daß wir, im Gegenteil, das ‚Licht' abschalten: eine durchdringende Finsternis, die Umkehrung des Suchscheinwerfers... dann wäre die Dunkelheit so absolut, daß sie zu einem leuchtenden, absoluten Vakuum werden würde. So würde sich jedes Objekt, das darin existiert, und sei es noch so undeutlich, sehr klar abzeichnen. Das heißt, selbst ein ganz schwacher Lichtschein, würde sichtbar, wenn tiefste Dunkelheit herrschen würde" (Bion, 1974, S. 37). Bion zufolge muß ein Analytiker in der Lage sein, die Widersprüche und Probleme des Analysanden solange zu ertragen, bis erkennbar wird, worin sie wirklich bestehen. Wenn ein Psychoanalytiker in der Lage sein soll, ein Deutungsangebot zu dem zu machen, was der Analysand äußert, muß er über einen längeren Zeitraum hinweg die Botschaften seines Analysanden ertragen haben, ohne vorschnell zu wissen, was dieser eigentlich meint, und daraus abzuleiten, die richtige Deutung ohne den Patienten in der Tasche haben zu können. In diesem Kontext beruft sich Bion verschiedentlich auf Keats, der von Shakespeare sagte, er habe vermocht, ‚negative Fähigkeiten' zu ertragen.

„...*Negative Fähigkeiten* hat man, wenn man es schafft, mit Unsicherheiten, Geheimnissen, Zweifeln zu leben, ohne je nach irgendwelchen brüchigen Fakten und Gründen zu verlangen" (John Keats: Brief an George Thomas Keats, 1817). Bions Verständnis radikalisiert überdies Freuds Auffassung von der „gleichschwebenden Aufmerksamkeit", derzufolge der Analytiker zugleich seinem Patienten zuhören sollte, aber nicht darauf zu achten habe, ob er sich etwas merke: „Entledigen Sie sich Ihrer Erinnerungen; entledigen Sie sich der zukunftsorientierten Wunschvorstellung; vergessen Sie beides, was Sie wissen und was Sie wollen, um Platz zu schaffen für einen neuen Gedanken. Einen Gedanken, eine bisher ungenutzte Idee schwirrt vielleicht irgendwo im Raum herum und sucht eine neue Bleibe. Einmal kann sie aus ihrem eigenen Inneren aufsteigen, ein anderes Mal jedoch aus der Außenwelt stammen, nämlich vom Patienten" (Bion, W.R. 1974, S. 11).

3.2 Paranoid-schizoide Position und depressive Position bei Melanie Klein

Der Stand der Reflexion bei Bion setzt eine Kenntnis Melanie Kleins voraus, die verfügbar sein muß, um überwunden zu werden. Melanie Klein entfaltet entwicklungsgeschichtlich ein Hintereinander von paranoid-schizoider Position und depressiver Position, derzufolge die eine die andere ablöst. Klein entwickelt vor allen Dingen, daß die paranoid-schizoide Position die unreifere, um nicht zu sagen die schlechtere Position ist, während die depressive Position die bessere und die anzustrebendere, reifere ist. Balint hatte entlang der Klinik (Balint, M. 1969) entwickelt, daß ihm so etwas wie die Reinform der paranoid-schizoiden bzw. der depressiven Position nie begegnet sei, weshalb er das Denken in Oszillationen zwischen beiden Positionen vorzieht, anstatt eine Hierarchisierung von beidem als Konstrukt möglichen Verstehens gelten zu lassen. Bion nun besteht definitiv auf einer Oszillation von beidem, was heißt, daß der möglicherweise in einer paranoid-schizoiden Position fixierte psychotische Patient erst zu einer Oszillation mit einer depressiven Position muß kommen können, um von da aus in milderen Übertragungsformen die psychische Gesundheit der Wahrnehmung eines Träumens und Denkens zu entwickeln, die die kreative Oszillation beider Positionen im Sinne einer Ergänzungsreihe, die kein Entweder-Oder zuläßt, zu vergewissern.

Ruth Cycon (Cycon, R. 1988) hat die unterschiedlichen Ich-Zustände, Ängste, Abwehrmechanismen und Objektbeziehungen von paranoid-schizoider Position und depressiver Position entlang der Theorie Melanie Kleins zusammengestellt (Klein, M. 1984, 1985, 1986). Klein zufolge stellen paranoid-schizoide und depressive Positionen psychische Organisatoren in der Normalentwicklung wie in der pathologischen Entwicklung dar, die jeweils eine Entwicklungsrichtung verkörpern und

Melanie Klein zufolge stärker ein Hintereinander von zunächst paranoid-schizoider und dann depressiver Position darstellen, während andere Autoren die Oszillation von beiden als das ansehen, was auch ihren klinischen Erfahrungen entspricht.

1. Der paranoid-schizoiden Position entspricht, daß das Ich bzw. Selbst nur rudimentäre Kohäsion und Integration besitzt und eine Neigung hat, in Stücke zu zerfallen; dem gegenüber repräsentiert die depressive Position ein stabiles Ich bzw. Selbst im Sinne einer Integration und Kohäsion par excellence.

2. Introjektion und Projektion, unbewußte Phantasien und Emotionen führen zum Aufbau einer inneren Welt, in der gute und schlechte Objekte nicht nur getrennt sind, sondern auch keine Interaktion miteinander haben; demgegenüber korrespondiert in der depressiven Position die Internalisierung eines überwiegend guten, ganzen Objektes (also Nichtpartialobjektes), das ambivalent geliebt werden kann, d.h. die Mutter bzw. der Vater werden als gut und böse, wenn auch ein bißchen überwiegend gut, erlebt, wobei Phantasie und Realität ebenso sehr wie innere und äußere Realität unterschieden werden können. Dieses Entwicklungsniveau entspricht dem von Winnicott als „Fähigkeit zur Besorgnis" (Winnicott, D.W. 1963, S. 93 ff.) beschriebenen.

3. Auf der Ebene der paranoid-schizoiden Position dominieren Partialobjektbeziehungen, während auf der Ebene der depressiven Position Beziehungen zu ganzen Objekten definitiven Vorrang haben.

4. Bei der paranoid-schizoiden Position zentriert sich die Angst um die Erhaltung des Ichs bzw. des Selbst, wobei der Angstinhalt die Vernichtung ist, die ständig überlagert wird von einem Wechselspiel zwischen Verfolgungsängsten und positiver wie negativer (auf Entwertung gerichteter) Idealisierung; dem korrespondiert auf Seiten der depressiven Position eine Angst, die sich um die Erhaltung und Bewahrung des ge-

liebten Objektes zentriert, weshalb der Angstinhalt der Objektverlust ist, der depressive Ängste in Verbindung mit phantasmatischen Schuldgefühlen mobilisiert.

5. Auf Seiten der paranoid-schizoiden Position dominieren narzißtische durch das Kommunikationsmittel der projektiven Identifikation, die auf einem frühen Niveau der Entwicklung nach dem Modul von Balint „was mir gut ist, ist Dir recht" gesund sein kann, aber in übertriebenen Formen schon bei sehr kleinen Kindern, erst recht aber bei Adoleszenten und Erwachsenen, dominant manipulativen Charakter haben kann im Sinne eines Übergriffs, bei dem der andere nur sein kann, was ich von ihm zwingend erwarte, das er ist, sodaß er außerhalb dessen, was ich projiziere, daß er ist, nichts ist und auch kein Recht hat, zu existieren; dieser Konstellation entsprechen auf Seiten der depressiven Position Objektbeziehungen der Anerkennung der getrennten Existenz des Primärobjektes im Sinne eines trennenden wie vermittelnden Dritten, was die entscheidende Charakteristik einer früheren Ödipussituation darstellt.

6. Im Falle der paranoid-schizoiden Position besteht ein extremes Angewiesensein auf die Container-Funktion der Mutter, da Schmerzen und Ängste nicht ausgehalten werden können, solange das sich entwickelnde Menschenkind sich selber noch kaum aushalten kann und deshalb alles, was es an sich selbst als unerträglich erlebt, in der Mutter als Container unterbringen muß; letzterem Erleben korrespondiert auf Seiten der depressiven Position, daß teilweise eine Introjektion der Container-Funktion erfolgt, sodaß ein gewisses Maß an Angst ausgehalten und in der dann die Ursache erkannt und auch kontrolliert werden kann: In dieser Konstellation hat die depressive Position viel mit Machthabenkönnen zu tun.

7. Bei der paranoid-schizoiden Position dominieren schizoide Abwehrmechanismen wie Spaltung, Fragmentierung, projektive Identifizierung, Idealisierung und omnipotente Verleugnung, wohingegen bei der depressiven Position depressive Ab-

wehrmechanismen im Vordergrund stehen im Sinne manischer Abwehr, bestimmte Formen des Rückzuges sowie der Beginn der Verdrängung und Verurteilung (Hemmung) destruktiver Impulse.

8. Bei der paranoid-schizoiden Position gibt es wenig Tendenz zur Erhaltung bzw. zur Besorgnis gegenüber einem anderen bzw. für das Objekt, weshalb auch so gut wie keine Verantwortung für den in der Phantasie und/oder real angerichteten Schaden entstehen kann, zumal die wichtigste Voraussetzung für Verantwortung, nämlich Schuldgefühle, nicht ausgehalten werden können; dem entspricht auf Seiten der depressiven Position die Fähigkeit zur Besorgnis für das Objekt und einer daraus resultierenden Übernahme der Verantwortung für den in Phantasie und Realität angerichteten Schaden; die Fähigkeit zu Schuldgefühlen wird nicht mehr nur als Last, sondern als Befreiung angesehen im Kontext einer Potenz, die sich in Wiedergutmachungsbemühungen niederschlägt, die allerdings gelingen muß, sonst liegt die Gefahr erneuten Abgleitens in eine ausschließliche paranoid-schizoide Position nahe.

Melanie Klein zufolge sind die grundlegenden Voraussetzungen für eine Entwicklung von der paranoid-schizoiden zur depressiven Position die Fähigkeit der Mutter in Verbindung mit dem frühen Vater bzw. einer haltenden und fördernden Umwelt, die der Einfühlung, der Bereitschaft zur Aufnahme und Fähigkeit zur Aufnahme des Kindes sowie die Kapazität der Mutter, über Verwirrtheitszustände und Verzweiflung des Kindes nachdenken zu können. Dieser Fähigkeit auf Seiten der Mutter bzw. der haltenden Umwelt steht die Fähigkeit des Säuglings gegenüber, die Mutter bzw. die Umwelt als Behälter zu gebrauchen, um eigene Gefühle, die das Kind noch nicht selber binden kann, zunächst über den Container zu binden und später ohne den Container bei sich selbst binden zu können; letzteres beschreibt die Fähigkeit des Kindes zur Weiterentwicklung.

Nach Melanie Klein kommt es zu Störungen im Fortschreiten von der paranoid-schizoiden zur depressiven Position, wenn ein Säugling mit einem konstitutionell schwachen Ich, bzw. einer äußerst geringen Frustrationstoleranz, zusammentrifft mit einer überängstlichen oder depressiven Mutter, die nur ein labiles narzißtisches Gleichgewicht besitzt, Wiedergutmachung nicht annehmen und folglich die Projektionen ihres Kindes nicht in sich aufnehmen kann, bzw. vorzeitig zurückweisen muß, bzw. sie nicht lange genug erträgt, um darüber Gedanken zu entfalten. Dazu kommen unreflektierte Hilfsangebote, wie etwa jenes, auf jedes Brüllen des Kindes mit Füttern zu reagieren, womit die Schwierigkeit zum Ausdruck kommt, Schlüsselreize, die vom Kind ausgehen, einseitig zu identifizieren. Außerdem geht Klein von einem stark ausgeprägten konstitutionellen frühen Neid als Abkömmling einer biologisch determinierten Ur-Aggression aus, mit der ich nichts anfangen kann, sodaß ich es vorziehe, D.W. Winnicott zu folgen, der darin keinen klinischen Nutzen sah. (Winnicott, D.W. 1962). Im Unterschied zur Klein'schen Theorie, den Neid als letzte Größe eines primitiven Hasses anzusehen, hinter der nichts weiter ist, gehen meine Gedanken und Erfahrungen in eine andere Richtung, weil ich den Neid mit Bion (Bion, W.R. 1977, passim) als eine Abwehr lese, hinter der es etwas zu entdecken gibt. Zunächst einmal läßt sich sagen, wo psychotische Personen sind, da ist auch Neid im Spiel. Der Widerstand gegen die Analyse des Neides bei psychotischen Patienten hängt damit zusammen, daß der Psychotiker eine entsetzliche Angst hat, daß dem Neid als Abwehr ein furchtbares Nichts zugrunde liegt. Das heißt, der hinter dem Neid zu vermutenden oralen Begierde korrespondiert kein gutes mütterliches Objekt. Nun führt die Tatsache, daß die Patienten ihre Neidgefühle auch in uns als Therapeuten stecken, dazu, daß wir vorübergehend mit Angst und Widerstand gegen die Analyse des Neides der Patienten selber projektiv identifiziert werden und das oft in einer für uns sehr anstrengenden Weise, weil die Gefühle des Neides im Patienten analoge Wunden in uns reaktualisieren. Falls wir selber im Verhältnis zu unserem eigenen Neid nicht immer wissen, was ihm zugrunde liegt, kann die positive Besetzung der analytischen Methode als einem guten Objekt unser Vertrauen stärken, diese Art von Prozessen, die um den Neid konstelliert sind, wieder und weiter zu analysieren. Soweit also die beiden Positionen depressive und paranoide Positionen mit Abwehrformationen korrelieren, geht es darum, dem Doppelcharakter der Abwehr für die paranoid-schizoide Position genauso Geltung zu verschaffen, wie für die depressive Position: Dies zu tun mit Konsequenzen für die klinische Arbeit, ist der entscheidende Unterschied Bions zu Klein.

3.3 Die Transformation der Konzepte Kleins durch Bion: Alpha-Funktionen und Beta-Elemente

An dieser Stelle läßt sich beispielhaft für die depressive Position sagen, Integration, Fähigkeit zur Besorgnis (concern), Wiedergutmachung als Folge der Furcht, das gute Objekt zerstört zu haben, sind alles gute Attribute einer Abwehr, deren Gegenstück so zu lesen wäre: Wenn die paranoid-schizoide Position in der Entwicklung des Menschenkindes nicht genügend Raum hat, dann kann es zu einer zu frühen Integration des Ich kommen, wie wir dies bei verschiedenen Konstellationen zu früher Ich-Bildung kennen und entsprechend zu einer pseudohaften depressiven Position im Sinne dessen, was Winnicott eine falsche Wiedergutmachung nannte. Je falscher die Wiedergutmachung ist, desto mehr kann sie Teil einer manischen Abwehr werden, die die manischen Eigenschaften der Verleugnung, Kontrolle und Verachtung annimmt. Je weniger Schuld durch Trauer in der Wiedergutmachung aufgehoben werden kann, desto mehr dominiert ein pathologischer Trauerprozeß durch die manische Abwehr hindurch, der pathologische Spaltungstendenzen verschärft. Insofern ist die falsche Wiedergutmachung einer Fixierung auf die paranoid-schizoide Position näher als einer gefestigten depressiven Position im Sinne Melanie Kleins. Das Verhältnis von depressiver Position und Wiedergutmachung zu falscher Wiedergutmachung in Richtung auf eine paranoid-schizoide Position läßt sich nicht nur am einzelnen Individuum, sondern auch im gesamtgesellschaftlichen Maßstab erforschen: Der knieende Willy Brandt in Warschau und der stolze Helmut Kohl in Bitburg repräsentieren Brennpunkte der Oszillation zwischen richtiger und falscher Wiedergutmachung in der Bundesrepublik Deutschland heute; wenn es stimmt, daß die falsche Wiedergutmachung im Dienste manischer Abwehr von Angst und Schuldgefühlen vorhandene Spaltungstendenzen verschärft, dann verringert sich die Schutzfunktion der Wiedergutmachung in einem proportionalen Verhältnis zur Verleugnungsfunktion der manischen Abwehr. Je umfangreicher sich solche phantasmatische Schutzlosigkeit in der BRD ausbreitet, desto stärker wird sich die Bundesrepublik Deutschland in einen militärischen Apparat weiterhin binden, der seinem technischen Funktionieren nach auf Angriffskriege gegen den Osten gerichtet ist (Afeldt, H. 1976). Ich gebrauche hier diese Skizze nicht als ausgereifte empirisch fundierte Theorie, sondern als Denkmodell, demzufolge man im Lichte der hier entwickelten Theorie fragen könnte: Wo leben die Deutschen in Mitteleuropa ihre paranoid-schizoiden Tendenzen aus, ohne einen neuen Krieg anzuzetteln, der durch Strategien falscher Wiedergutmachung begünstigt werden könnte? Aus dieser Fragestellung ergibt sich eine Perspektive, Katastrophe und Glauben anzuschauen auf dem Hintergrund, die paranoid-schizoide Position (Ps.) und die depressive Positon (D.) gleichwertig und wechselseitig zu begreifen (Bion, W.R. 1963, 1970, 1977; Eigen, M. 1985 und 1986). Bion ist schwer zu verstehen, weil er seinen Leser zwingt, seinem Bemühen zu folgen, genau das zu sagen, was er meint, das anzuschauen, was er sagt und anzusprechen, was er sieht. Bions Werk stellt in einem hohen Maße eine Reflexion über die Forschungsleistung Melanie Kleins dar; er selbst benützt viele Klein'sche Begriffe. Er stellt Fragen, die Melanie Klein nie stellte und verwandelt die Klein'sche Sprache in etwas, was meines Erachtens der Theorie Winnicotts näher steht als der ursprünglichen Theorie Melanie Kleins. Bei Melanie Klein gibt es einen zentralen Begriff, der „projektive Identifikation" heißt und bei Bion im wesentlichen übersetzt wird in Termini des Verhältnisses von „Container" und „Contained object". Bion grenzt unterschiedliche Formen projektiver Identifizierung stärker als Klein gegeneinander ab und versucht zugleich, das Kontinuum zwischen diesen zu pointieren: „Gewöhnlich wird die Persönlichkeit des Kindes wie die anderen Elemente seiner Umwelt von der Mutter in Obhut genommen. Wenn Mutter und Kind aufeinander abgestimmt sind, spielt die projektive Identifizierung dabei eine bedeutende Rolle; das Kind ist durch die Einschaltung eines rudimentären Wirklichkeitssinnes imstande, sich so zu verhalten, daß die projektive Identifizierung, gewöhnlich eine omnipotente Phantasie, ein realistisches Phänomen darstellt. Ich neige zu der Ansicht, daß das ein normaler Vorgang ist. Wenn *Klein* von übermäßiger projektiver Identifizierung spricht, so sollte die Bezeichnung ‚übermäßig' meiner Ansicht nach sich nicht allein auf die Häufigkeit beziehen, mit der projektive Identifizierungen vorgenommen werden, sondern auch auf das Übermaß des Glaubens an die Omnipotenz. Als *realistische* Aktivität sind projektive Identifizierungen ein Verhalten, das sinnvoll darauf abzielt, in der Mutter diejenigen Gefühle hervorzurufen, die das Kind loszuwerden wünscht. Wenn das Kind fühlt, daß es stirbt, so kann es in der Mutter die Furcht wachrufen, daß es sterbe. Eine ausgeglichene Mutter kann dieses Gefühl akzeptieren und therapeutisch darauf reagieren: Das heißt in einer Art und Weise, daß das Kind fühlt, es erhalte seine angsterfüllte Persönlichkeit zurück, aber in einer nunmehr erträglichen Form — die Ängste werden für die kindliche Persönlichkeit tragbar. Wenn die Mutter diese Projektionen nicht tolerieren kann, dann ist das Kind gezwungen, die projektive Identifizierung mit wachsender Stärke und Häufigkeit fortzusetzen. Die Verstärkung scheint die Projektion aber des Anfluges von Bedeutung zu entkleiden, den sie besaß. Die Re-Introjektion tritt mit ähnlicher Stärke und Häufigkeit auf. Wenn wir vom Verhalten eines Patienten im Sprechzimmer auf seine Gefühle schließen und diese Schlüssel dann dazu benützen, um uns ein Modell zu bilden, so läßt sich sagen, daß das Kind meines Modells sich nicht in der Weise verhält, die wir gewöhnlich von einem denkenden Erwachsenen erwarten. Es verhält sich so, als fühle es in sich ein inneres Objekt, das wie eine gierige, vaginaähnliche ‚Brust' ist, und alles, was das Kind empfängt oder gibt, seiner guten Eigenschaften beraubt, so daß nur verkrüppelte Objekte übrig bleiben. Dieses innere Objekt schnürt seinen Träger von allem Verständnis ab, das ihm angeboten wird. In der Analyse scheint ein solcher Patient unfähig, von seiner Umwelt, und somit auch von seinem Analytiker, etwas anzunehmen. Die Folgen für die Entwicklung der Denkfähigkeit sind schwerwiegend" (Bion, W.R. 1962, S. 430 ff.). Infolge der Ideen Freuds in den „zwei Prinzipien psychischen Geschehens" (Freud, S. Bd. V), fällt die beginnende Vorherrschaft des Realitätsprinzips zeitlich mit der Entwicklung der Fähigkeit zum Denken zusammen; die Fähigkeit zum Denken überbrückt zugleich die Lücke der Versagung zwischen dem Augenblick, in dem ein Bedürfnis befriedigt wird, und demjenigen, in dem durch eine geeignete Handlung die Bedürfnisbefriedigung eintritt. Entlang Abrahams „Versuch einer Entwicklungsgeschichte der Libido auf Grund der Psychoanalyse seelischer Störungen" (Abraham, K. 1924) wird die Psychopathologie von Freud als Folge traumatischer Erlebnisse aufgefaßt; während Melanie Klein traumatische Erfahrungen als Folge dessen anschaut, daß es die Mutter unterlassen hat, den seelischen Schmerz des Babys zu mildern, hat Bion etwas viel Schwierigeres ins Auge gefaßt: eine Beziehung zwischen Mutter und Baby, in der die Mutter wirkliche psychische Funktionen für das Baby erfüllt; dies passiert mit dem Ziel, daß das Baby allmählich diese Funktionen zu inneren Objekten macht und gleichzeitig die Fähigkeit erwirbt, diese Funktionen in sich selbst auszuüben. Bion zufolge hat die Mutter Funktionen inne, die das Baby dann lernen kann, selber auszuüben, indem es die Mutter introjiziert. Das heißt, es geht darum, daß das Baby zunächst in einem Zustand von Verwirrung befindliche emotionale Erfahrungen macht, die es nicht denken kann und unerträglich leidende Teile seiner selbst in die Brust der Mutter projiziert. Die Mutter und ihre seelischen Funktionen, die das Kind als Brust erlebt, müssen zunächst die Funktion des Denkens für das Baby ausüben. Allmählich gibt die Mutter dem Baby jene leidenden Teile seiner selbst in einer Form zurück, über die es möglich wird, daß Denken uns insbesondere über Träumen möglich wird. Dies nennt Bion die Alpha-Funktion im Unterschied zu Beta-Elementen. Alpha-Funktion bedeutet, daß schmerzliche Teile, die das Kind zunächst nicht bei sich selbst binden kann, für die es selbst also kein Containment entwickeln kann, von der Mutter als Container aufgenommen werden. Die Mutter kann diese Teile dadurch bei sich binden, daß sie darüber denken kann, womit sie ein Stück weit verwandelt werden, um dann dem Kind zurückgegeben zu werden. Auf diese Weise kann das Kind diesen Teilen selbst gegenüber ein Container werden: Gelingt das, dann sind die ursprünglichen Beta-Elemente transformiert in eine Alpha-Funktion. Nicht Container-fähige psychische Elemente bleiben leidvoll erlebte Beta-Elemente; es ist unter bestimmten Bedingungen, wie denen, daß der Container zerbricht, möglich, daß Alpha-Elemente wieder zu Beta-Elementen werden können. „Es erscheint zweckmäßig, eine Alpha-Funktion anzunehmen, welche die Sinneseindrücke in Alpha-Elemente umwandelt und somit die Psyche mit Material für Traumgedanken versorgt und zugleich mit der Fähigkeit, aufzuwachen oder einzuschlafen, bewußt oder unbewußt zu sein. Nach dieser Theorie hängt das Bewußtsein von der Alpha-Funktion ab und man muß logischerweise annehmen, daß eine solche Funktion besteht, wenn wir unterstellen, daß das Selbst fähig ist, sich seiner selbst im Sinne von Selbsterfahrung bewußt zu werden. Jedoch schließt das Fehlschlagen einer Beziehung zwischen Mutter und Kind, in der normale projektive Identifizierung möglich ist, die Entwicklung einer Alpha-Funktion aus und somit auch eine Differenzierung von Elementen in bewußte und unbewußte..." (Bion, 1962, S. 431). Führt die Differenzierung in unbewußte und bewußte Prozesse zu einer der Schwierigkeiten im Verständnis dessen, was Bion meint? Diese Schwierigkeit kann vermieden werden, wenn wir in Übereinstimmung mit Freud unter Bewußtsein „ein Sinnesorgan für die Wahrnehmung von psychischen Qualitäten" verstehen: „Wenn wir den Begriff ‚Bewußtsein' in diesem engeren Sinne gebrauchen, dann ist es möglich anzunehmen, daß dieses Bewußtsein vom Selbst herrührende ‚Sinneswahrnehmungen' hervorbringt, daß jedoch keine Alpha-Funktion vorhanden ist, um diese (Beta-Elemente i. Einf. St.B.) in Alpha-Elemente zu verwandeln und somit eine Fähigkeit zu ermöglichen, „selbst-bewußt" und ‚-unbewußt' zu sein. Der Säugling ist noch unfähig, Sinneseindrücke zu verarbeiten; er scheidet diese Elemente in die Mutter aus und vertraut ihr, daß sie das Notwendige tut, um sie in eine solche Form zu verwandeln, daß das Kind sie als Alpha-Elemente benutzen kann... Dem Bewußtsein im engeren Sinne, wie es Freud definierte, und wie ich es benutze, um ein rudimentäres frühkindliches Bewußtsein zu postulieren, steht nicht einem Unbewußten gegenüber. Alle aus dem Selbst stammenden Eindrücke sind noch gleichrangig; alle sind bewußt. Das träumerische Ahnungsvermögen der Mutter ist das Empfangsorgan für das, was das Kind an Selbst-Empfindungen von seinem Bewußtsein erhält" (Bion, W.R., 1962, S. 431f). Genau so wie Sinneseindrücke verändert und mittels der Alpha-Funtionen verarbeitet werden müssen, um sie für Traumgedanken verwendbar zu machen, müssen Gedanken bearbeitet werden, um sie für die Umsetzung in Handlungen geeignet zu machen; letzteres umschließt Bekanntgabe und Verständigung, was uns dem technischen Problem des Ausdrucks von Gedanken oder Konzeptionen durch die Sprache und Symbolisierung oder deren Gegenstück durch Zeichen und „symbolische Gleichung" (Segal, H. 1957) nähert: „Die Fähigkeit, Symbole zu bilden, hängt erstens von der Fähigkeit ab, ganze Objekte zu begreifen, und zweitens vom Verlassen der paranoid-schizoiden Position und der sie begleitenden Spaltung, drittens vom Zusammenfügen der Splitter und dem Eintreten in die depressive Position. Sofern verbales Denken von der Fähigkeit zur Integration abhängt, überrascht es nicht zu entdecken, daß das Hervortreten verbalen Denkens wesentlich mit der depressiven Position verknüpft ist, die, wie Melanie Klein herausgestellt hat, eine Phantasie der aktiven Synthese und Integration ist. Verbales Denken schärft die Wahrnehmung psychischer Realität und deshalb der Depression, die mit der Destruktion und dem Verlust guter Objekte verbunden ist. Die Anwesenheit eines inneren Verfolgers als eines anderen Aspektes psychischer Realität ist unbewußt gleichermaßen verstärkt wahrnehmbar" (Bion, R.W. 1984, S. 26)

3.4 Symbolische Gleichung und Symbolbildung

Hanna Segal entwickelte in ihrer Arbeit „Notes on Symbol Formation" eine Theorie, in der Symbolbildung und depressive Position in unmittelbare Verbindung gebracht wurden, womit konkretes und symbolisches Denken in die Gesamtentwicklung des Gefühlslebens eingeordnet werden konnte. Von Segal stammt der Begriff der „symbolischen Gleichung", derzufolge das Symbol einer Repräsentation des ursprünglichen Objektes ist, während die symbolische Gleichung mit dem ursprünglichen Objekt real zusammenfällt, also bestenfalls einen Ersatz bildet (Segal, H. 1957). Depressive Position, Symbolbildung und Sublimierung gehören mit dieser Theorie aufs Engste zusammen: „Auch die Sublimierung verbindet sie mit der depressiven Position. Das gesteigerte Bewußtsein von Ambivalenz, die Verminderung von Projektion und die wachsende Unterscheidung von Selbst und Objekt führt dazu, daß das Triebziel aufgegeben wird. Das ursprüngliche Triebziel ist der vollständige Besitz des guten Objektes und die Vernichtung des bösen. Wenn erkannt wird, daß das gute und das böse Objekt dasselbe Objekt sind, wird das Triebziel modifiziert und führt zu einer gewissen Hemmung der aggressiven und libidinösen Triebe. Wenn eine solche Modifikation nicht erfolgt, so kann es zu Impotenz kommen. Sublimierung ist aber nicht nur eine Verschiebung des sexuellen Objektes: selbst der sexuelle Akt erhält den emotionalen Charakter der Triebe durch Symbolbildung. Wird er durch Sublimierung nicht modifiziert, so verliert er seine symbolische Bedeutung und wird zu einem bloßen Reflex ohne das Symbol der Liebe und der Vereinigung mit dem Du etc. Sublimierung ist in der Tat eine Symbolbildung" (Thorner, H.A. 1980, S. 177). Die depressive Position in Verbindung mit der Symbolisierung und Sublimierung geht auf den Prozeß der Trauer zurück mittels dessen, daß Konkreteres des Objektes aufgegeben wird, d.h. die symbolische Gleichung in ein Symbol transformiert wird. Wenn diese Theorie stimmt, dann hören Halluzinationen auf, sinnliche Wahrnehmungen zu sein in dem Moment, in dem sie mittels eines besseren Containing seiner selbst dem Patienten ermöglichen z.B. ein Idol in ein Ideal zu verwandeln; Nägel verlieren z.B. ihren verfolgenden Charakter als Folterinstrumente und werden wieder Nägel.

3.5 Bion: Container / Contained (♀ ♂)

Bion zufolge müssen Sinneseindrücke emotionaler Erfahrung von einem Apparat bearbeitet werden, der sich durch introjektive Identifizierung mit dem frühesten Objekt (Mutter-Brust) entwickelt. „Dieser kann die Eindrücke in (nicht beobachtbare) Alpha-Elemente organisieren, aus denen sich Traumgedanken konstruieren lassen. Die Verknüpfung der Alpha-Elemente wird durch einen dynamischen Faktor geleistet (Liebe, Haß oder Wissen = Knowing, L, H, K), der in einem Mechanismus wirksam ist. Dieser Mechanismus setzt sich zusammen aus Ps «—» D (paranoid-schizoide und depressive Position plus besondere Tatsache [besondere Tatsache = selected fact: Begriff von Poincaré, von Bion für Situationen gewählt, die vorher verstreute Elemente erstmalig integriert als Einheit erkennen lassen. Einfügung St. B.], wobei die Positionen im strukturellen und nicht im ökonomischen Sinne gemeint sind) und aus Container / Contained (Behälter / dem Enthaltenen) (♀ ♂). Dieselben Mechanismen und Dynamismen können auch auf Traumgedanken einwirken, damit diese an Komplexität, Abstraktionshöhe und Differenzierung zunehmen und für verschiedene Verwendungen und Kombinationen tauglich werden können. Diese Organisation des Denkens hat Bion nach dem Modell des Periodischen Systems der chemischen Elemente angelegt; er nennt sie den Grid (Raster) der *Elemente der Psychoanalyse* (womit die Elemente des ‚Nachdenkens über emotionale Erfahrung' gemeint sind. Dazu gehört natürlich auch die Möglichkeit des Nachdenkens über das Nachdenken über emotionale Erfahrung, d.h. die Untersuchung der psychoanalytischen Methode. Der „grid" ist (vielleicht unvollkommen) analog den Dimensionen von Atomgewicht und Valenzen mit den Achsen von ‚Verwendung' und ‚Genese' von Gedanken errichtet worden; dabei hat jede Achse einen gewissen Grad von innerer Logik" (Meltzer, D. 1988, S. 82). Zusammenfassend beschreibt Bion seinen Versuch, sich den Denkapparat im Individuum vorzustellen: Zitat: „Es ist verlockend anzunehmen, daß die Verwandlung von Beta-Elementen in Alpha-Elemente von Container — Contained abhängt, und daß das Wirksamwerden der paranoid-schizoiden oder depressiven Position (Ps «—» D) davon abhängt, daß zuvor Container — Contained (♀ ♂) wirksam geworden ist. Leider erklärt diese relativ einfache Lösung nicht, was sich im Behandlungszimmer ereignet. Bevor Container — Contained wirksam werden kann, muß der Container gefunden werden und die Entdeckung des Container ist abhängig von der Wirksamkeit von Ps «—» D. Offensichtlich lenkt die Überlegung, welches von beiden, Container — Contained oder Ps «—» D, zuerst da ist, vom Hauptproblem ab. Ich gehe also von einem Mischzustand aus, in dem der Patient von Gefühlen der Depression verfolgt und von Gefühlen des Verfolgtwerdens deprimiert wird. Diese Gefühle sind von Körperempfindungen nicht zu unterscheiden. Sie können im Licht des späteren Unterscheidungsvermögens als „Dinge an sich" bezeichnet werden. Kurzum, Beta-Elemente sind Objekte, die sich aus Dingen an sich, Gefühlen der Depression, des Verfolgtwerdens und der Schuld zusammensetzen, und also Aspekte der Persönlichkeit, die durch ein Gefühl von Katastrophe verbunden sind; die Beta-Elemente sind zerstreut; diese Zerstreuung sollte beendet werden durch Ps «—» D und eine besondere Tatsache, es sei denn, der Patient sucht einen Container, der einen Zusammenhalt der Beta-Elemente erzwingt, um das Enthaltene (Contained) zu sein. Die zerstreuten Beta-Elemente können, soweit sie einen Container suchen, als verkümmerter Prototyp eines Container betrachtet werden... Man kann sie auch als einen verkümmerten Prototyp des Enthaltenen (Contained) ansehen, ein lose strukturiertes Enthaltenes, bevor es komprimiert ist, um in den Container einzutreten... Wenn die zerstreuten Beta-Elemente keinen Container finden (das dem Container entsprechende Modell ist vermutlich die Brust), funktionieren sie, wie wir gesehen haben, als lose geknüpftes Netzwerk (Contained auf der Suche nach einem

Container) und werden sozusagen viel aktiver depressiv-verfolgt und gierig... Die an diesen primitiven Phänomenen beteiligten Mechanismen kann man in ihrer einfachsten Form als Ps «—» D (oder Fragmentierung «—» Integration) und Container — Contained (oder Ausstoß «—» Einverleibung ansehen... Ps kann man als eine Wolke von Teilchen betrachten, die zusammenkommen können und D als ein Objekt, das zerstückelt und zerstreut werden kann. Ps, die Teilchen, kann man als eine Unsicherheitswolke ansehen. Man kann sich diese Elementarteilchen so vorstellen, daß sie sich einem Elementarteilchen, Objekt- oder Beta-Element, anschließen; dieser Prozeß ist ein besonderer Fall der allgemeinen Bewegung, die Ps «—» D darstellt" (Bion, D.W. 1963, S. 39 ff.) Das Interessante dieser Theorie von Bion ist, daß sie sich gleichermaßen eignet für die konzeptuelle Erfassung von Übertragungsprozessen intrapsychischer wie interpersoneller, institutioneller und gesamtgesellschaftlicher Art.

3.6 Wider die unterschiedslose Verwendung der Symbolik in der Psychoanalyse

Bion nennt die Elemente oder das Rohmaterial des psychischen Erlebens Beta-Elemente. Er beschreibt diesen Ausgangspunkt als einen gemischten Zustand, in dem der Patient von Gefühlen der Depression verfolgt wird und aufgrund von Verfolgungsgefühlen deprimiert wird. Da diese Gefühle von körperlichen Empfindungen nicht zu unterscheiden sind, können sie nur im Lichte der späteren Fähigkeit der Diskriminierung als Dinge an sich beschrieben werden, weshalb Beta-Elemente Objekte sind, die sich aus Dingen an sich, Gefühlen der Verfolgung, Depression und Schuld zusammensetzen, d.h. aus Aspekten einer Persönlichkeit, die mit einer Empfindung von Katastrophe eins ist. Unser erstes Denken ist affektives Denken und die ersten Zeichen sind Zeichen einer Katastrophe. Mit solchen Gedanken versucht Bion etwas von dem Gebiet früher Nichtintegration in den Griff zu kriegen, das der Teilung sowie der gemeinsamen Konstitution von Ps «—» D vorausgeht. Damit spricht er eine Warnung gegen die unterschiedslose Verwendung der Symbolik in der Psychoanalyse und anderen Disziplinen aus, denn was als ein Symbol anerkannt werden könnte, könnte ein ganz elementares Zeichen von Kummer und unendlichem Grauen sein. Der psychotische Patient signalisiert nämlich eher das Gefühl der Katastrophe, das er empfindet, als daß er es symbolisch ausdrückt. Wie im Witz findet eine Art Verwechslung von Identität und Ähnlichkeit statt, weil die vom Psychotiker verwendeten Materialien Symbolen ähnlich sein können, nur kann der Psychotiker darüber nicht lachen, weil er nicht in einer symbolischen Welt, sondern in symbolischen Gleichungen lebt. Aber diese symbolischen Gleichungen werden zum Hinweis auf eine schwer benennbare psychische Realität eingesetzt. Michael Eigen (Eigen, M. 1986) reformuliert Bion dahingehend, daß er uns zeigt, daß der psychotische Patient gelehrt werden muß und kann, Worte mit Gefühlen in Verbindung zu bringen. Oft fehlen ihm die verbalen Bezeichnungen für elementare emotionale Zustände und er schlägt wild um sich, oder er versinkt in endlose Zustände der Konfusion, weshalb die grundlegende Schöpfung des Verbindens von Wort und Affekt nicht so sehr aus der Verbindung von Worten als Symbolen, als vielmehr in Signalen drohender psychischer Ereignisse besteht. Die katastrophische Natur ihres eigenen Lebens ist deshalb die erste und fundamentale Aufgabe, mit der sich die Psyche auseinandersetzen muß. Durch die Hervorbringung elementarer Zeichen der Begriffsbildung wird fester Fuß gefaßt im katastrophischen Vergessen ebenso wie im Vergessen der Katastrophe.

3.7 Beta-Elemente, Katastrophe, Aleph, Lautmalen = Schreiben

Bions Vorstellung der primitiven Beta-Elemente ist etwa der des Big Bang als dem Ausgangspunkt psychischer Realität, weshalb er sich den Ursprung des affektiven Denkens als eine katastrophische Explosion vorstellt, wobei Bion die Psychose ebenso wie das Verhältnis von Mystiker, Gruppe, messianischer Idee und Establishment in der jüdischen Religion als Beispiele verwendet, um die Exploration der Katastrophe zu fundieren. Dabei folgt er der Annahme, daß die Psychose in verzerrten und überzeichneten Formen die katastrophischen Grundlagen der menschlichen Existenz widerspiegelt. Bion formuliert seine Theorie entlang einem Niveau von psychischem Erleben, bei dem es schwierig ist zu erkennen, ob in irgendeinem Moment der psychotische Patient die Geburt oder den Tod seines psychischen Universums signalisiert, oder ob er unterwegs ist, um seiner Existenz fernzubleiben oder aber sie neu zu entdecken. Wenn diese Theorie stimmt, dann erweisen sich bei einer Psychose die Beta-Elemente oft eher als verfälschte und sich verschlechternde Endprodukte einer nicht integrierten oder noch nie erreichten Denkfähigkeit; deshalb können sie auch selten als Vorläufer eines Wachstumsprozesses erkannt werden. Manchmal sind sie beides, wofür Bion ein Beispiel gibt, das diese Doppeldeutigkeit demonstriert. Bion berichtet von einem psychotischen Patienten, der scheinbar sinnlose Lautmuster erzeugt; dieser Patient wirkt auf ihn als ob er seinen eigenen Lauten nicht nur zuhört, sondern sie sehen kann wie Objekte, die im Raume stehen. Offenbar sind die Laute mit den Objekten, die er sieht, in einer Verbindung; wer weiß, ob seine Laute diese Objekte erschaffen haben. Merkwürdig erinnert diese Überlegung in Bions Buch „Attention and Interpretation“ (in Bion, W.R. 1977) an das Aleph der mündlichen Thora der Juden. Dieses Aleph ist zugespitzten kabbalistischen Reflexionen zu folgen die einzelne unmittelbare, am Anfang aller Dinge stehende Äußerung, wobei dieser Anfang mystisch nie als Urgrund, sondern als Ungrund aller Dinge gedacht ist und damit antiontologisch; Scholem zufolge ist im Rekurs auf Rabbi Mendel alles, was Israel hörte, nichts als jenes Aleph, mit dem im hebräischen Text der Bibel das erste Gebot anfängt, was Scholem so kommentiert: „Dies scheint mir in der Tat ein überaus bemerkenswerter und nachdenklich stimmender Satz. Der Konsonant Aleph stellt nämlich im Hebräischen nichts anderes dar, als den laringalen Stimmeinsatz, der einem Vokal am Wortanfang vorausgeht. Das Aleph stellt also gleichsam das Element dar, aus dem jeder artikulierte Laut stammt... Das Aleph zu hören, ist eigentlich so gut wie nichts, es stellt den Übergang zu aller vernehmbaren Sprache dar, und gewiß läßt sich nicht von ihm sagen, daß es in sich einen spezifischen Sinn... vermittelt. Mit seinem kühnen Satz... reduzierte also Rabbi Mendel die Offenbarung zu einer mystischen, d.h. zu einer Offenbarung, die in sich selbst zwar unendlich sinnerfüllt, aber doch ohne spezifischen Sinn war. Sie stellte etwas dar, das um religiöse Autorität zu begründen, in menschliche Sprache übersetzt werden mußte; und das ist es, was im Sinne dieses Ausspruches Moses tat. Jede Aussage, die Autorität begründet, wäre eine, wenn auch noch so gültige und hochrangige, aber immer noch menschliche Deutung von etwas, das sie transzendiert" (Scholem, G. 1973, S. 47f). Alle Buchstaben, Verbindungen von Buchstaben in Wörtern bis hin zu Sätzen sind dieser mystischen Theorie zufolge Verhüllungen, Kleider bzw. Traditionen, die um diesen ersten Buchstaben gewissermaßen herumgewickelt werden bzw. ihn überlagern; diese jüdische Auffassung, die in der mündlichen Thora fußt, wird vom paulinischen Christentum als tote Buchstaben (2. Korinther, 3,6) denunziert, was aber weder Bion noch Loch daran hindert, dieser Auffassung zu folgen; was Paulus verbrochen hat, wird später von Justinian als verrücktes Denken der Juden gesetzlich festgeschrieben, demzufolge Juden dazu neigen, Texte nicht nur bis zur Kastration, sondern bis zum beliebigen Mord an anderen voranzutreiben (Legendre, P. 1989): eine beachtliche Projektion, bei der im Hinblick auf das Morden eine Subjekt-Objekt-Umkehr eingeht, wenn man nur daran denkt, welche den von Christen angezettelten Progromen Ausschwitz vorangingen. Die Transkriptanalysen von Thomä und Kächele — pharisäisch-antiödipal der „dyadischen Wahrheit" (Thomä, H. und Kächele, H. 1985) verpflichtet, bei der der Dritte, d.h. die väterliche Instanz ausgeschlossen und als sadistische Meßmaschine wieder eingeführt wird (siehe meine Kritik im 2. Kapitel dieser Arbeit) — tragen im Lichte dieser Theorie durchaus paulinische Züge. Aber wenden wir uns wieder dem Patienten von Bion zu und seinen Lautmalereien.

Bion hat sehr wenig von den Äußerungen seiner Patienten geschrieben, weshalb wir auch nicht wissen, was die Voraussetzung dafür war, daß der von Bion angedeutete Patient Lautmalereien erzeugte. Versucht der Patient sich einem Punkte anzunähern, der jenseits von Bedeutung ist, indem er feindliche Attacken auf Verbindungen von Buchstaben und Silben unternimmt, die Bedeutung haben könnten, oder sind seine Geräusche Residuen eines massiven Prozesses von Demontage, bei dem Sinn und Selbst sich auflösen? Falls letzteres gegeben ist, löst sich eine Katastrophe als Verbindung ebenfalls in Nichts auf oder die Katastrophe schafft eine neue Verbindung und damit ein Etwas, von dem wir jetzt noch nicht wissen können, was es ist. Bion schreibt den zusammenhanglosen Äußerungen des Patienten von Anfang an ein Minimum von Bedeutung zu, weshalb er ihm von vornherein den Namen Lautmalen („doodling in sound") gibt. Bion schreibt: „In seinem Fall ging das ‚Schreiben' nicht nur dem Sprechen, sondern sogar dem Denken voraus. Seine tatsächliche Sprache war unverständlich, wenn ich versuchte, sie dadurch zu entziffern, daß ich meine Kenntnis normaler Worte und Grammatik anwandte. Sie erhielt mehr Sinn, wenn ich sie anstelle eines tonlosen und ziellosen Pfeifens als ‚Lautmalerei' interpretierte; sie konnte nicht als Sprache, als poetische Sprache oder Musik beschrieben werden. Genauso wie ein zielloses Pfeifen keine Musik ist, weil es keiner Regelung oder Ordnung der musikalischen Komposition gehorcht, genauso wenig wie Lautmalerei Malerei ist, weil sie mit einer Disziplin künstlerischer Kreation nichts zu tun hat, ebenso wenig konnte seine Sprache mangels Beachtung eines zusammenhängenden Sprachgebrauches als verbale Kommunikation qualifiziert werden. Die verwendeten Worte verfallen in eine undiszplinierte Anhäufung von Lauten" (Bion, W.R. 1963, S. 38). Bedeutsam bei Bions Beschreibung ist der Tatbestand, daß er anstelle der Zusammenhanglosigkeit des Patienten den Zusammenhang der Lautmalerei setzt. Dabei können wir nicht wissen, ob der Patient wirklich Lautmalereien erzeugte, oder ob dies ausschließlich eine Erfindung von Bion war, wofür verschiedene seiner Schriften, insbesondere seine späten Schriften (z.B. Bion, W.R. 1978), sprechen, in denen er das auszuhaltende Nichtwissen zunehmend stärker pointierte. Bions Vorstellung von einem Zusammenhang als „Lautmalen“ machte ihm allerdings die unzusammenhängende Unterhaltung mit dem Patienten erträglich, im Sinne von entschlossen und wach zu bleiben, gleichzeitig aber Distanz und Humor zu wahren: Unter Umständen fühlte er sich sogar nützlich. Wer zeigt wem in einer solchen Situation, was zu denken ist? In dieser Situation hat Bion nicht nur den Ausbruch zusammenhangloser Beta-Elemente registriert; ihm kam auch die Aufgabe zu, als rudimentärer Sinnmacher zu handeln, denn es ist Bions Psyche gewesen, die des Patienten unsichtbares „Schreiben“ hervorbringt: Die Geburt des Denkens ist für Bion eine Art „Schreiben“, Schreiben nicht mit einem Füllfederhalter gekritzelt, sondern Schreiben als eine Signatur des Chaos. Aber Bion ist von dem Patienten zu dieser Sichtweise hingeführt worden. Bion „sieht den Patienten mit einem dritten Auge Objekte in den Raum sprechen“, was es ihm möglich macht, Geformtes und Ungeformtes seiner Existenz mittels dieser Objekte aufzufinden oder zu verlieren. Die Inspiration des Therapeuten wird auf diese Weise wirksam in der Beziehung zum Patienten wie eine Mischung aus Vergrößerungsglas und Kaleidoskop, die des Patienten ungeborene oder mißgestaltet geborene Welt enthüllt oder neu erfindet. Was als Zusammenhanglosigkeit des Patienten imponiert, drückt das Null-Stadium aus, dem er in einer tiefen Regression entgegengeht; dieses Null-Stadium ist aber immer mehr als Null, was zu entdecken ein Gegenüber wie Bion voraussetzt.

An den Punkt Null kommen bzw. dieses erreichen wollen, heißt ein Universum absoluter Sinnlosigkeit im Sinne von absoluter Schmerzlosigkeit zu erreichen. Dem gegenüber ist die Suche des Therapeuten nach einem Sinn frustrierend; dieser Frustration hat der Patient aber bereits zugestimmt dadurch, daß er sich darauf eingelassen hat, das Konsultationszimmer bzw. eine psychoanalytisch arbeitende Station überhaupt zu betreten, was heißt, daß er dem Spiel des Austausches der Psychen zugestimmt hat und der Raum seiner selbst nicht mehr bloß sein eigener, sondern ein mit einem Anderen geteilter ist.

Bion läßt es offen, ob sein Patient aus der Null-Position herauskam, oder ob er sich immer tiefer ins Nichts verkrochen hat; damit versucht er uns zu zeigen, daß wir in jeder Behandlung die Offenheit für die eine wie die andere Möglichkeit lange, sehr lange müssen bestehen lassen, ohne zu wissen, wohin der Weg der Behandlung führt. Was Bion tut, ist die Bewegung des Patienten innerhalb, in Richtung auf oder aus der Null-Dimension heraus, mit einem Versagen oder mit einem Mangel in Verbindung zu bringen, der dadurch empfunden werden kann, daß er überhaupt die bloße Gegenwart des Therapeuten erfährt. Auch hier ist offen, ob der Mangel auf destruktiven Haß oder auf bloße Unzulänglichkeit zurückzuführen ist; Haß und Unzulänglichkeit nicht wirklich unterscheiden zu können, legt nahe, wie tiefgreifend diese beiden Elemente oft miteinander korrelieren.

Bion zufolge verbindet der Sinn für Katastrophe unterschiedlichste Persönlichkeitsaspekte; in dem Moment, wo ich mir die Katastrophe wie Zement vorstelle, der alles zusammenhält, und mich dabei gedanklich auf Botticellis Gemälde von Dantes Hölle — eine Welt aus Stein — konzentriere, hält das Bild nicht stand, und ich stoße auf etwas ganz Bewegliches wie Quecksilber oder — noch besser — einen fließenden Lavastrom. Offenbar bilden Erschütterungen einen formierenden Pol unserer Existenz; wenn der psychotische Patient von Bion mit seinen Lautmalereien Signale aussendet, die seine fortschreitende Auflösung erkennbar machen, dann stimmt diese Anschauung nur, weil es bei ihm offenbar eine verbleibende Unterscheidungsqualität gibt, die er nicht loswird, weshalb es eine Differenz zwischen ihm selbst und dem Punkt Null gibt, die, und sei sie noch so gering, endlos ist. Für uns ist das Gefühl für Katastrophe Bedingung unseres Selbst, so wie umgekehrt ohne dieses Selbst kein Gefühl für Katastrophe gegeben wäre: Wir können zwar das Empfinden für Katastrophe projektiv in die Vergangenheit z.B. an den Anfang der Schöpfung oder auf den Tag des jüngsten Gerichtes verlegen, aber wir können dies nur, weil wir — wie der Patient von Bion — immer wieder eine Differenz zwischen uns selbst und dem Punkt Null herstellen. Aber es gibt einen Unterschied, ob ich psychotisch erkrankt bin oder nicht, weshalb die Psychose als anhaltende Katastrophe angesehen werden kann, während die Katastrophe in mir zwar auch weitergeht hinter dem, was sie überlagert und mir z.B. die Möglichkeit gibt, da zu sitzen und zu schreiben.

Die Katastrophe ist gewissermaßen eine ‚condition humaine', die für Bion nicht das ist, was verhindert werden soll; sondern das, was droht, verloren zu gehen, wenn Vernichtung Platz greift. Gegen die Tendenz, sich selbst zu vernichten, wozu nicht nur akut psychotische Patienten neigen, sondern die Menschheit insgesamt, wie wir spätestens seit Adornos und Horkheimers „Dialektik der Aufklärung" (Adorno, Th.W. und Horkheimer, M. 1946) wissen können, ergreift Bion Partei für die Katastrophe. Wenn wir also therapeutisch versuchen, die katastrophische Vernichtung der katastrophischen Erfahrung zu hinterfragen und in Frage zu stellen, dann mit dem Ziel, das Versagen, Katastrophe zu erfahren, zu überwinden. Gerade von autistischen Patienten, so lange sie noch nicht psychotisch geworden sind, wissen wir, daß sie erst emotional und geistig wachsen, wenn sie die Katastrophe erfahren; das Versagen bzw. der Mangel wird hier verständlich parallel zum erfolglosen Schrei eines Säuglings nach Kommunikation. Nun gibt es so unendlich verschiedene Formen bei Säuglingen wie groß gewordenen Säuglingen bzw. Erwachsenen, zu schreien, daß in jedem Schrei ein Entfernungselement enthalten sein kann, z.B. im Sinne einer Provokation, Evokation, Projektion, Bindung, kommunikative Vermittlung. Bion zeigt, wie schnell das Nachdenken über das Element der Entfernung in uns ein Denken hervorruft, bei dem wir das Gefühl für die Katastrophe verlieren und zu viel wissen; Bion geht, fast wie Patienten, die Alpha-Funktionen in Beta-Elemente auflösen, in die andere Richtung. Er versucht, darauf hinzuarbeiten, daß wir erkennen, daß das Wissen Teil einer Krankheit sein kann, weshalb eine Fähigkeit hervorgerufen werden muß, die tiefer reicht als das Gefühl für Katastrophe, wenn ein grundlegender Veränderungsprozeß und eine weitgehende Entwicklung überhaupt eintreten sollen. Bions Lösung ist revolutionär: Das Fundament des Dialogs zwischen Analytiker und psychotischem Patienten ist, daß die Katastrophe mit einer Gegenkatastrophe zusammentrifft, die er Glauben nennt.

3.8 Katastrophen und Glauben: Katastrophische Veränderung

Der Glaube verunsichert unsere Erkenntnis ständig; der am Anfang dieses Kapitels zitierte Ausspruch Bions, daß man auf Erwartungen, auf Gedächtniswünsche und Verstehen, verzichten solle, damit so etwas wie eine psychoanalytische Einstellung überhaupt möglich wäre, scheint einem alles aus der Hand zu nehmen. Zugleich aber kriegen wir eine Methode in die Hand, worüber wir einen unmittelbareren Zugang zu psychoanalytischen Daten bekommen können. Der Glaube stellt eine ständige Subversion unseres Wissens dar und erschüttert unsere Ansprüche, den Patienten zu kontrollieren, im schlimmsten Falle pädagogisch zu instruieren; dadurch wird es möglich, der emotionalen Realität einen Raum zu geben, in dem sie sich entwickeln kann.

Worauf bezieht sich der Glaube? Bion zufolge bezieht sich der Glaube auf O (F in O), das heißt auf die emotionale Realität des Augenblickes oder auf letzte Dinge als solche. Welche Namen haben „letzte Dinge“? Die Namen sind zunächst nicht erkennbar, zunächst und über lange Zeit können wir nur einen Glauben daran haben, ihnen zu begegnen; deshalb geht es um die emotionale Wahrheit des Hier und Jetzt. Den Einfluß, den der Patient auf mich ausübt, kann ich in Vermutungen oder allmähliche Überzeugungen über das, was tatsächlich geschieht, übersetzen und diese Übersetzung in der Sprache, die er spricht, mit ihm teilen. Der Glaube verdunkelt nicht, sondern schärft die Präzision über das, was Sinn und Unsinn ist. Das gelingt umso mehr, je geduldiger eine Sensibilität der Wahrnehmung wirksam wird für das, was außerhalb der Reichweite dessen ist, was man schon weiß, oder was man schon einmal erfahren hat: Nur so kann eine neue Erfahrung und neuer Sinn generiert werden. Der Entgrenzung des Patienten korrespondiert in einer solchen Konstellation die spontane Geste des Therapeuten (Winnicott, D.W. 1987). Die spontane Geste übernimmt im Sinne des Glaubens an letzte Dinge (F in O) eine Einstellung reiner Empfänglichkeit, wobei lebendiges Warten und Zulassenkönnen unbehaglicher Zustände sich ergänzen können, denn der Therapeut muß Beta-Elemente als solche aushalten können, weit entfernt davon, ob er für sie irgendwann einen Container bilden kann, d.h. er muß Sinnloses, chaotische Leere, aber auch Stürme des Terrors ertragen. Bion beschreibt die von ihm gemeinte Empfänglichkeit: „Die Empfänglichkeit, die durch das Entleeren des Gedächtnisses und durch Loslassen der Wünsche erzielt wird, ist unumgänglich erforderlich für die Durchführung der Psychoanalyse und andere wissenschaftliche Verfahren. Sie ist essentiell, um eine Halluzination oder den Zustand der Bewußtseinserweiterung zu erfahren... Ich sehe diesen Zustand nicht als eine Übertreibung einer pathologischen oder sogar natürlichen Kondition an: Ich betrachte ihn eher als einen ständig allgegenwärtigen Zustand, der jedoch von anderen Phänomenen, die ihn abschirmen, überlagert ist. Wenn diese anderen Elemente moderiert oder aufgegeben werden können, wird die Halluzinose demonstrierbar: Ihre volle Tiefe, ihr voller Reichtum, sind nur für einen Akt des Glaubens erreichbar. Bei den Elementen der Halluzinose, die wahrnehmbar sind, handelt es sich um die gröberen Manifestationen, die von zweitrangiger Bedeutung sind. Um Halluzinationen hingegen richtig würdigen zu können, muß der Analytiker am Zustand der Halluzinose teilnehmen“ (Bion W.R. 1970, S. 35 ff.). Es wäre aber ein Mißverständnis, hier bei Bion eine Erkenntnisfeindlichkeit entdecken zu wollen, die dabei stehen bleibt, daß sich der Analytiker nur von allem Wissen entleert, wenn er den Glauben an letzte Dinge entwickeln will. Bion zeigt, daß die Rückkehr zum Wissen, von dem man sich vorübergehend entleert, Überschneidungen zwischen Wissen und Nichtwissen hervorbringt, die ein Therapeut als Überraschungen erfährt, dessen, was er plötzlich an Unvorhersehbarem begreift. Dieses Begreifen ist der Punkt, an dem das emotionale Wachstum des Therapeuten über die mit dem Patienten gemachte Erfahrung zusammenfällt mit der Entwicklung neuer Forschungserkenntnisse.

Von Bion wird die Halluzinose als eine empathische Methode angewandt, Kontakt zu einer Ebene herzustellen, aus der der psychotische Patient flieht, in der er unter Umständen fixiert ist oder zu versinken droht. In diesem Sinne kann man die psychoanalytische Einstellung Bions als wissenschaftlichen Gebrauch des Glaubens und einen glaubenden Gebrauch des wissenden Nichtwissens begreifen.

Für den Patienten, der die Erfahrung macht, nicht isoliert zu halluzinieren, sondern den Therapeuten quasi als Doppelgänger (Green, A. 1975) seiner selbst zu erleben, wird spürbar, daß das entstellende Moment der Halluzination im Glauben des Therapeuten ihm wie ein Vexierbild seiner eigenen Verrücktheit begegnet, worüber er möglicherweise lernt, die Fähigkeiten, über denen er zusammengebrochen ist, zu schnell verändert einzusetzen: Dies ist bereits ein entscheidendes Stadium der Durcharbeitung einer Übertragungs-Gegenübertragungspsychose.

Bei der Halluzinose treten Beta-Elemente in den Vordergrund; diese Beta-Elemente stellen den essentiellen Gehalt von Halluzinationen dar. Der Glaube des Therapeuten an einen katastrophischen Ursprung hinter der Psychose erschließt den Zugang zur vormaligen Katastrophe der psychischen Geburt. In dieser Dimension ist die Psychose eine widernatürliche Katastrophe, bei der eine psychische Geburt unaufhörlich zugrunde gerichtet werden kann. Wenn ein sich entwickelndes Individuum lernt, zu erkennen, was es bedroht, kann es durch die Entwicklung einer auf tiefer emotionaler Wahrnehmung beruhenden Symbolisierungsfähigkeit Zugang zum Sinn seines Lebens bekommen. Beim Weg in umgekehrte Richtung können die Beta-Elemente aber auch anzeigen, daß keine neue Erfahrung im Sinne eines Neubeginnes, im Sinne einer psychischen Geburt, ansteht, sondern das Ende des psychischen Universums. Daß die Gegenkatastrophe bzw. der Glaube selbst die Teilnahme an der Halluzinose voraussetzt, bereitet den Weg für den Therapeuten vor, rechtzeitig Interventionen zu entwickeln und zu entdecken, die der katastrophischen psychischen Realität einen Sinn geben. Dafür muß aber seine Erkenntnis im Sinne des Begreifens von Sinn genügend tief im

Nicht-Sinn seines Glaubens fußen, sonst gelingt es ihm nicht, mit dem Patienten neuen Sinn zu schaffen, aber auch besseres Träumen und Denken. Wenn Katastrophe und Glauben wirklich zusammentreffen und sich nicht gegenseitig verfehlen, dann kommt es zu einer katastrophischen Veränderung, die die psychotische Erkrankung als verstellte psychische Geburt erkenntlich macht, aber aus der Psychose das aufgreift, was die psychische Geburt vervollständigt. Wenn die psychische Geburt als Katastrophe zum Leben erst möglich wird, weil die sie überlagernde Katastrophe einer vernichtenden Psychose ihr Gesicht verstellte, dann erst können wir erahnen, warum und wie der psychotische Patient den Umweg über seine Erkrankung hat nehmen müssen, um bei seiner psychischen Geburt anzukommen: Die andauernde Katastrophe der Psychose ist eben nicht einem plötzlichen traumatischen Ereignis vergleichbar, sondern einer kumulativen Traumatisierung, die in das Bild eines Dauerschwelbrandes gebracht werden könnte. Wenn eine bestimmte Art zu glauben und Glauben in Wissen zu überführen dazu geführt hat, daß am Ende dieses Dauerschwelbrandes nicht ein Haufen Asche übrig geblieben ist, dann erleben wir einen lebendigen Menschen mit Narben, die als Grammatik seines Leibes die Bedeutungen seines Denkens, Sprechens und Handelns organisiert. Wenn dann in einer gesunden Form paranoid-schizoide Positionen und depressive Positionen sich ergänzen im Sinne von Ps «—» D und eine kontinuierliche Korrelation mit F in O bilden, dann gelingt es, ein existentielles Gefühl von Wahrheit zu empfinden, bei dem „der Anblick eines gehaßten Objektes zur Kongruenz gebracht werden kann mit dem Anblick desselben Objektes, wenn es geliebt wird; und die Kongruenz bestätigt, daß das mit verschiedenen Gefühlsbewegungen erlebte Objekt ein- und dasselbe ist" (Bion, W.R. 1961): Diese Denk- und Erlebnisfigur Bions ist an die existentielle Balance intrapsychisch und interpersonell, dyadisch, triadisch, gruppal, institutionell und gesamtgesellschaftlich — will sie gelingen — an das gebunden, was Ödipalität ausmacht.

Ödipalität ist bei Bion im Lichte der Theorie katastrophischer Veränderung, insbesondere unter der Berücksichtigung von F in O und Container/Contained an eine Interrelation zwischen Mystiker, messianischer Idee, Gruppe und Establishment gebunden, die als Reformulierung der Konstruktion von Ödipalität bei Balint gelesen werden kann, womit ich die Gleichung meine: Ödipus = 3 bis n Personenebene der Beziehung; das „n“ steht nicht nur für eine beliebig aufstockbare Zahl, die über die 3 hinausgeht, sondern für das Gesetz, das Bion „Establishment“ nennt. Wenn wir uns Bion folgend zwischen Mystiker, messianischer Idee, Gruppe (hier können eine oder mehrere Personen gemeint sein) und Establishment (Gesellschaft, frame of reference, Gesetz) die Relation Container/Contained und deren Umkehrbarkeit in alle Richtungen vorstellen, dann können wir uns alle Figuren zwischen reifem Lebendigsein im Sinne von Ödipalität bis hin zum Psychotischwerden bzw. bis zum Verlust des psychischen Universums, den realen Tod vorstellen; für diese Vorstellung benötigt er gleichzeitig drei Variationen der in Container/Contained wirksamen Relationen: eine gegenseitig einvernehmliche (commensal), eine symbiotische und eine parasitäre. Über die gegenseitig einvernehmliche sagt Bion, daß der Gedanke „O“ und der Denker völlig unabhängig voneinander existieren, weshalb es keine Reaktion oder — wie wir normalerweise sagen würden — keine Identifikation von uns mit dem Denker gibt, weil die letzte Wahrheit von „O“ noch nicht entdeckt ist, obwohl sie existiert; über die symbiotische Variante sagt er, der Gedanke oder Denker entsprächen einander, würden einander modifizieren durch korrespondierendes Entsprechen, wobei der Gedanke wuchern und der Denker sich entwickeln würde; bei der parasitären Variante entsprechen Gedanke und Denker einander, aber die Entsprechung gehört zur Variante des Symbiotischen, was bedeutet, daß die Formulierung als falsch bekannt ist, aber als eine Grenzsetzung der Wahrheit gegenüber zurückbehalten wird, die gefürchtet wird, weil sie den Container zerstört oder umgekehrt das „contained object“ den Container in Stücke reißt. Die Unwahrheit wuchert so lange — und das ist in jeder Behandlung unausweichlich — bis sie zur Lüge wird. Bion zufolge vermehrt die Grenze der Lüge das Bedürfnis nach Wahrheit und umgekehrt. Diese schwierigen Gedanken zeigen deutlich, wie vulnerabel Ödipalität ist, bzw. was die Spannung ihrer Lebendigkeit ausmacht. Bion verdeutlicht diese Theorie am Schicksal des Jesus von Nazareth, der irgendwann in seiner Eigenschaft als Mystiker eine so weitgehend parasitäre Beziehung zur messianischen Idee entwickelte, daß er sich für den Messias selber hielt und auch von verschiedenen anderen gehalten wurde, weshalb seine Freunde genauso wie seine Feinde von Seiten der Gruppe seinen Tod brauchten, um das beschädigte Verhältnis von Container/Contained zwischen ihm und der messianischen Idee zu reparieren, das anfing mit vernichtender Gewalt die ganze Gruppe und das Establishment zu verzehren, weshalb sie letztlich mit Hilfe des Establishments, repräsentiert durch das römische Gericht und seinem daraus folgenden Tod, wieder zu einer lebendigen Spannung zurückfanden, die das Verhältnis Container/Contained ungefähr zwischen gegenseitig *einvernehmlich* und *symbiotisch* neu konstellierte. Wenn es stimmt, daß es bisher keinen postödipalen Menschen gibt, dann ist es ebenso richtig, davon auszugehen, daß der Ödipus in seinen späten und in seinen frühen Formen immer wieder in Erscheinung tritt; die hier vorgestellte Theorie Bions ließe folglich eine Bühne entstehen, bei der die Begegnung von Ödipus mit Laios und Jokaste und dem Seher sich gleichzeitig mit der Lösung des Rätsels der Sphinx ereignete: In unserem Unbewußten ist diese Gleichzeitigkeit ständig präsent. Im Lichte dieser kreativen Mutationen des Ödipus sind weitere drei Aspekte im Kontinuum katastrophischer Veränderung immer wirksam: Gewalt, Invarianz, Subversion des Systems. Dabei unterstreicht der Aspekt der Invarianz, wie wir jetzt am Beispiel von Jesus von Nazareth verstehen können, daß es eine Logik des Unbewußten und Bewußten gibt, die ein Kontinuum zwischen dem präkatastrophischen, dem von einer Tendenz zur Vernichtung gezeichneten katastrophischen Zustand, und einem postkatastrophischen Zustand gibt; auch hier spielt die enge Korrelation dieser Bion'schen Theorie mit den Auffassungen von Freud in „Jenseits des Lustprinzips" (1920) eine ausschlaggebende Rolle.

Ödipalität involviert also zwingend eine Fähigkeit zur Symbolisierung und die Integration eines Dritten, über die ein Leben nicht mehr mit neurotischen oder psychotischen, sondern realen Ambivalenzen ertragen werden kann. „Ertragen" bezieht sich hier auf die gelingende Fähigkeit, Versagungen zu ertragen und diesen nicht auszuweichen, weil sie verändert werden können, das heißt, die Fähigkeit, Versagung zu ertragen, macht es der Psyche möglich, Gedanken zu entwickeln, mittels derer die tolerierte Versagung ihrerseits noch erträglicher gemacht werden kann.

Die Prozesse, die Bion beschrieben hat, zielen darauf ab, verstehbar zu machen, was alles in Gang kommt und in Gang kommen muß in den Phasen analytischer Behandlung psychotischer Patienten, in denen wir im Hinblick auf sogenannte klassische Deutungsangebote als Therapeuten deutungsabstinent auftreten müssen, jedoch aber Deutungen für uns selbst brauchen, die so, wie wir sie für uns selbst brauchen, dem Patienten nicht weitergegeben werden können, und wenn sie ihm weitergegeben werden können, dann erst in einer anderen Sprache, nämlich der Sprache, die wir von ihm mühsam jeweils lernen müssen. Die hier entwickelten Reformulierungen Bions handeln von Deutungen für den Therapeuten, nicht für den Patienten. Wenn es uns als Therapeuten gelingt, den psychotischen Wiederholungszwang einerseits als das Vehikel zu erkennen, das uns immer wieder mit dem konfrontiert, was alles noch nicht erledigt ist, dann sind die Deutungen, mittels derer wir unsere eigene Gegenübertragung durcharbeiten, das entscheidende Mittel dafür, daß wir selber nicht im psychotischen Wiederholungszwang stecken bleiben, sondern mittels einer minimalen Einstellungsänderung bei uns selbst (Nedelmann, C. und Ferstl, H. 1989 passim) dem Patienten die Möglichkeit eröffnen, sich zu ändern, weil wir fähig sind, anders zu sein und ihm als von ihm wirklich verschiedene Andere gegenüberzutreten. Damit schließt sich die Kette zwischen einer modernen Richtung der Behandlung psychotischer Patienten, Freuds Erinnern, Wiederholen, Durcharbeiten und Winnicotts Perspektive eines sich unaufdringlichen Zuverfügungstellens, über das der Patient Zugang zu einer verläßlichen inneren Umwelt findet, was Winnicott für die Bedeutung stationärer Behandlung verdeutlicht: „Als Erstes möchte ich jedoch sagen, daß eine Unterbringung im Heim nicht unbedingt deshalb erforderlich wird, weil es nicht genügend Leute mit einer entsprechend guten Ausbildung für die Behandlung des Kindes/Jugendlichen gäbe. Die Therapie im Rahmen einer Heimunterbringung wird angewendet, wenn die unerläßlichen Voraussetzungen für eine individuelle Therapie nicht gegeben sind, d.h. wenn erstens die Einrichtung eines Wohnheimes die einzige Umgebung ist, die es erlaubt, in adäquater Weise mit dem Kind umzugehen, und wenn zweitens das Kind in nur geringem Maße über das verfügt, was Willi Hoffer eine ‚innere Umwelt' nennt. Das meint die Erfahrungen von ausreichend guten, sorgenden Umwelten, die einverleibt und eingebaut worden sind in ein System des *Glaubens* (Hervorhebung St.B.) und der Tatsachen. In jedem Falle ist es eine Angelegenheit sowohl der sozialen wie der personenbezogenen Diagnose. Eine Heimunterbringung kann im Hinblick auf gewisse Umweltbedingungen, die wir kennen müssen, wenn wir ganz klassisch psychoanalytisch arbeiten, Vorsorge treffen. Sogar im Falle einer klassischen Psychoanalyse ist es das Wichtigste, für Bedingungen zu sorgen, innerhalb derer diese Arbeit in ihrer Besonderheit sich vollziehen kann und innerhalb derer die unbewußte Kooperation des Patienten erreicht werden kann, um das Material für die Analyse hervorzubringen. Mit anderen Worten: Es ist die Entwicklung von Vertrauen — oder welches andere Wort auch immer am besten paßt —, die als Voraussetzung gegeben sein muß, damit eine korrekte klassische Deutung ihre Wirkung tun kann. Ich hoffe, es ist deutlich aus dem, was ich gesagt habe, daß eine Heimunterbringung aus meiner Sicht ein sehr bedachter Schritt der Therapie von professionellen Therapeuten in einem professionellen Setting sein kann. Es mag eine Art der Liebe sein, aber oft muß es aussehen wie Haß, und das Schlüsselwort ist nicht Behandlung oder Kur, sondern eher ist es Überleben. Wenn Du überlebst, dann hat das Kind eine Chance zu wachsen und der Person ähnlich zu werden, die sie oder er gewesen wäre, wenn der unglückliche umweltbedingte Zusammenbruch nicht in die Katastrophe geführt hätte“ (Winnicott, D.W. 1970, S. 227 ff.). Die Sprachen, die Bion und Winnicott in ihren Arbeiten schreiben, sind sehr verschieden, obwohl die Formen des Umgangs mit den Patienten, d.h. gerade mit psychotischen Patienten, eine große „Familienähnlichkeit“ (Wittgenstein, L. passim) aufweist. Freud läßt sich lesen als Container für Bion und Winnicott als contained object; dieses Verhältnis kann sich aber auch umkehren, was vom Standort meiner jeweiligen Gedanken abhängt: Winnicott und Bion können einen Container gemeinsam bilden für Freud als contained object: So kann ich mir erklären, wie es dazu kommt, daß ich speziell, wenn ich bestimmte schwierige Texte Bions wiedergelesen habe und dann auf altbekannte Texte von Freud zurückgehe, in diesen immer wieder etwas ganz Neues finde; diese Entdeckung läßt sich umkehren im hier angedeuteten Sinn. Im Umgang mit unseren Patienten konstelliert sich die Umkehr von Container und contained object auch ständig, gewissermaßen in Sprüngen des Erlebens katastrophischer Veränderung. Ps «—» D in Korrelation mit F in O steht für eine Methode psychoanalytischer Arbeit, die für die Psychoanalyse der psychotischen Patienten, unsere eigene unendliche Analyse als Therapeuten und für die Psychoanalyse der Psychoanalyse taugt; dabei ergänzen sich Bion zufolge drei Aspekte katastrophischer Veränderung ständig, die mit dem Verhältnis von Katastrophe und vorangegangener Katastrophe bzw. verstellter Katastrophe zusammenhängen, nämlich einen Aspekt, den er Gewalt nennt, einen zweiten, den er Invarianz nennt, der davon handelt, daß es immer ein wirksames Kontinuum von Vorangegangenem, Gegenwärtigem und Zukünftigem gibt, und einem dritten Element, das besagt, daß katastrophische Veränderungen immer ein Stück Subversion des Systems, sprich dessen in Gang bringt, was Bion Establishment nennt. Diese drei Dimensionen (violence, invariance and subversion of the system) stehen gleichermaßen für einen gänzlich offenen Messianismus: dem des großen Krachs im Sinne einer apokalyptischen Umwälzung und dem, den Walter Benjamin beschreibt als „Messias, der durch ein Nadelöhr tritt“. Zu letzterem paßt das Bild, das Gershom Scholem entwarf auf die Frage Viktor von Weizsäckers 1946, was denn eigentlich das Jüdische wirklich sei? Darauf Scholem: „Ich will es Ihnen andeuten... Wenn der Messias kommt, bleibt alles wie es ist, mit der einzigen Ausnahme, daß sich alles ein bißchen *verwandelt*" (Scholem, G. 1975). Wer ist hier Container, wer contained object? Und zu welchem Ende? Das ändert sich Bion zufolge ständig, so wie das Verhältnis zwischen Mystiker messianischer Idee, Gruppe und Establishment sich ständig ändert; diese Änderung hängt für mich wesentlich ab vom jeweiligen Stand der Erfahrung mit meinen Patienten.

IV.

Übertragung, Gegenübertragung, funktionelle Regression in der psychoanalytischen Behandlung psychotischer Menschen

4.1 Erstinterview und subjektive Indikation

Es ist jetzt meine Absicht, das was ich über Psychoanalyse im Zirkel aller Erkenntnis und Objektbeziehungspsychologie im Teil II. geschrieben habe, mit dem Bewußtsein von Nicht-Wissen und Wissen, Katastrophe und Glauben Teil III zu vermitteln; diese Vermittlung zielt auf ein Verständnis der psychoanalytischen Technik, demzufolge ein Kontinuum zwischen der Behandlungstechnik in der therapeutischen Arbeit mit psychotischen Patienten und der Standard-Technik sichtbar wird. Dieses Kontinuum verleugnet keinerlei bestehende Unterschiede zwischen verschiedenen Richtungen, soll aber helfen, verstehbar und öffentlich kommunizierbar zu machen, daß z.B. die sogenannte Standard-Technik nicht die, sondern nur eine mögliche Arbeitsweise der Psychoanalyse neben vielen anderen ist, die uns speziell durch den Umgang mit psychotischen Patienten erschlossen werden. Um dies begreiflich zu machen, greife ich in einer etwas abgewandelten Form Gedanken meiner eigenen Arbeit (Becker, St. 1984) auf.

Vom ersten Moment der Begegnung mit einem psychotischen Patienten sind alle Elemente, von Container/Contained (siehe Teil III dieser Arbeit) vorhanden; zurecht betont Bion: „When two personalities meet, an emotional storm is created" (Bion, W.R. 1979, S. 247). Bei einem Erstinterview sitzt mir gegenüber ein Hochschullehrer, der sich mir am Telefon als sehr krank angekündigt hatte. Er hatte ein gut geschnittenes Gesicht und zugleich eine Mischung aus Starre und Hektik in seiner Bewegung. Ohne daß er etwas sagte, schuf er eine Atmosphäre von größtem Druck, als ob im nächsten Augenblick alles in Stücke gehen müßte; bei mir stellte sich eine gewisse Atemnot ein. Dann forderte er mich auf: „Bitte, entfernen Sie diese schrecklichen Würmer hier am Boden!" Mit den Würmern meinte er meine am Boden wie Würmer geringelten Telefonschnüre. Noch ehe ich etwas sagen konnte, wiederholte er seine Frage zweimal lauter werdend. Auf meinen Versuch, ihn zu fragen: „Glauben Sie wirklich..." kam ich gar nicht zu Wort, bis ich ihm sagte: „Wenn das zwei Würmer sind, dann könnten Sie und ich zwei größere Würmer sein als diese Würmer da am Boden; zu zweit könnten wir die wohl in Schach halten". Hier trat eine gewisse Entspannung in der Atmosphäre dieser Begegnung ein: Wurm zu Wurm saßen wir einander gegenüber. Die Telefonschnüre wurden während der nächsten 30 Minuten kein Thema mehr; nach einer Pause berichtete der Patient, daß er in der Nacht einen entsetzlichen Traum gehabt hätte, von Würmern aufgefressen zu werden. Alles was sich während dieser ersten Begegnung mit dem Patienten ereignete, wurde durch die Behandlung während der nächsten 6 Jahre kommentiert, ein Phänomen, was typisch für Erstinterviews ist (Wegner, T. 1989) und in noch stärkerer Weise als bei neurotischen Patienten für psychotische gilt. Wenn es mir nicht gelungen wäre, in die Position „Wurm zu Wurm" zu kommen, wären keine Voraussetzungen dafür vorhanden gewesen, eine subjektive Indikation (Dantlgraber, J. 1982) für die Behandlung dieses Patienten zu stellen.

4.2 Regression, Objektbeziehung und Neubeginn

In der Beziehung mit einem psychotischen Patienten wird man in die innere Welt, in der er lebt, „hinein- und wieder herausgeschwemmt, und während man in ihr ist, ist man mehr oder weniger einer omnipotenten Steuerung unterworfen, die nicht von einem starken Mittelpunkt ausgeht. Es ist eine Zauberwelt, und man fühlt sich verrückt, wenn man in ihr ist. Wir wissen, wie verrückt wir sein müssen, um es in dieser Welt auszuhalten, und doch müssen wir dort eindringen und fähig sein, lange dort zu bleiben, um irgendeine Heilung zu bewirken" (Winnicott, D.W. 1953, S. 110). Je tiefergehend ein psychotischer Patient regrediert, desto mehr gewinnt die scheinbar magische Steuerung seiner Umwelt an Bedeutung; eine analytisch-psychotherapeutisch arbeitende Station vermag eine solche Umwelt zu sein (siehe Becker, St. 1981 b), in dem Maße, in dem sie die Regression des Patienten in einem gemeinsamen Erleben zulassen, ertragen und von da aus um einer Progression willen nutzbar machen kann. „Das ist wesentlich, weil in diesen Zuständen der äußere Druck... (gegen die Regression, St. B.) die ohnehin starke Tendenz des Patienten verstärkt, ungleichgewichtige Beziehungen zwischen sich und seinen Objekten zu entwickeln, wodurch seine Regressionsneigung auf unabsehbare Zeit verlängert würde“ (Balint, 1970, S. 215). Die Regression in gemeinsamem Erleben von Patient und Therapeut (bzw. therapeutischem Team) läßt im Verlauf einer Behandlung die als isolierte Subjektqualität anschaubare Regression des Patienten zunehmend mehr als Phänomen in Erscheinung treten, das durch die Interaktion zwischen Therapeut und Patient bestimmt und steuerbar ist. Diese Interaktion, die im Bereich der Grundstörung, d.h. einem Erleben tiefen Mangels, über lange Strecken durch strikte Deutungsabstinenz und primär handelndem Umgang mit dem Patienten gekennzeichnet ist, gestaltet sich oft als Verhältnis von therapeutischen Zieh-Müttern und Zieh-Vätern (siehe Searles 1965, passim; Becker 1981), die schwierige, zunächst einmal sehr kleine und allmählich wachsende Kinder großziehen.

Wir stehen immer wieder vor einem schwierigen Problem aus der therapeutischen Diagnostik, wenn wir die Frage beantworten sollen, ob der erwachsene oder adoleszente Psychotiker, wenn oder weil er regrediert ist, als ein Kind bzw. ein psychischer Säugling anzusehen ist? Er kann einem Kind bzw. Säugling psychisch ähneln; entscheidend ist, daß der Therapeut das erkennt und zugleich kontinuierlich daran festhält, daß er kein Kind, auch kein Säugling bzw. wie erwachsen er eben ist: So gesehen hängt die Tiefe der funktionellen — d.h. der durch Übertragung und Gegenübertragungspsychose charakterisierten — Objektbeziehungsregression zwar mit dem was ontogenetisch „früh“ genannt wird, zusammen, ist aber nicht identisch mit ihm. Die Regression eines psychotischen Kranken auf eine mehr oder weniger frühe Stufe seiner Entwicklung reicht als solches nicht aus, seine pathologische Sprachhandlung zu erklären; besonders Psychoanalysen erwachsener Psychotiker (Federn 1952, Searles 1965, Pao 1979) zeigen, daß die Ich-Funktionen des Psychotikers Realität gezwungenermaßen auf eine merkwürdige Weise bearbeiten, die zwar Ähnlichkeiten mit der frühestkindlichen aufweist, wegen ihrer eigenlogischen — d.h. nicht unlogischen — Systematik mit ihr jedoch nichts mehr unmittelbar zu tun haben. Diese Verselbständigung, die mit der Nachträglichkeit der Traumatisierung in der Psychose zusammenfällt, stellt sich über einen psychotischen Wiederholungszwang dar, bei dem nicht so sehr das Wiederholte bedeutsam ist, als der Zwang zu wiederholen.

Es kommt darauf an, solchen psychotischen Zwang zur Wiederholung im Binnenraum therapeutischer Objektbeziehungen zu verwandeln. Diese Verwandlung verweist auf die Konstruktionsproblematik des Kerns des Ich, d.h. neben dem Bereich des Unbewußten, der als verdrängtes Bewußtes identifiziert ist, auf den Bereich jenes Unbewußten im Sinne eines noch nicht bzw. noch nie Bewußten; letzteres ist der psychische Ort des Mangels, an dessen Stelle neue, nie gemachte Erfahrungen treten insofern der einfühlsame Umgang mit dem Ich-Kern zur Voraussetzung eines „Neubeginns“ des Patienten (Balint, 1969, passim; 1970, passim) wird. Beim Neubeginn macht der Patient in einer gemeinsamen Objektbeziehungsregression mit dem Patienten auf der Ebene der Grundstörung eine Erfahrung, die anstelle fehlender frühester Zuwendung wenigstens teilweise tritt, denn mit einer gewissen Narbe in seiner Seele wird er weiterleben müssen. Von da aus ist dann auch wieder eine Progression möglich, vorausgesetzt die Grundstörung ist ausreichend in einen Neubeginn transformiert.

Was bedeutet es, eine Erfahrung zu machen, die anstelle fehlender frühester Zuwendung tritt? Ist es möglich, daß ein Therapeut seinen Patienten für frühe Entbehrungen, für emotionalen Mangel entschädigt? Er kann das nicht; macht er sich das in trügerischer Übereinkunft selber vor, zwänge er dem Patienten Züge eines „falschen Selbst“ (Winnicott, 1974, S.

182 ff.) auf. Was ein Therapeut kann, ist sich unaufdringlich zur Verfügung zu stellen, bestenfalls ohne den Patienten zu bedrängen: „Dieses sich als primäres Objekt darbieten ist natürlich nicht gleichbedeutend mit dem Geben primärer Liebe; auch die Mutter gibt dem Kind keine primäre Liebe; vielmehr verhält sie sich wie ein primäres Objekt, d.h. sie läßt sich als Primärobjekt mit primärer Liebe besetzen (Balint, 1970, S. 217). So gesehen besteht das Ziel darin, dem Patienten zu ermöglichen, sich selbst annehmen zu können, und ihn seinen eigenen Weg im Leben finden zu lassen und nicht den Versuch zu machen, ihn in eine Schöpfung seines Therapeuten zu verwandeln. Wenn das stimmt, kann ein Therapeut zu einer fördernden Umwelt für seinen Patienten beitragen; die Perspektive „weniger ist mehr" ist hierbei entscheidend, entscheidender als jede Form von mehr Liebe oder Protektion dem Patienten gegenüber. Diese Spezifika einer unaufdringlichen Behandlung verweisen darauf, daß eine angemessene Balance von Nähe und Distanz, Sicheinlassen und Sichabgrenzen, eine Anpassung an den Patienten erfordert, die einen emotionalen Raum eröffnet, in dem er nach seinen Fähigkeiten wachsen und sich entfalten kann. Versuche einer solchen Anpassung schildert die folgend Kasuistik:

4.3 Kasuistik: Der Fischmann

Ich lernte Paul 1976 auf der Adoleszentenstation der Kinder- und Jugendpsychiatrie in Tübingen kennen. Paul war mir angekündigt als 15-jährig und akut psychotisch. Er begegnete mir als ein blasser, eher wie 12-jährig wirkender, leicht untersetzter Junge, der mich mit großen dunklen Augen traurig und angstvoll anblickte. Er versuchte zu sprechen und konnte den Mund nicht öffnen, er bewegte seine Beine im Sitzen hin und her, bis ich begriff, daß er alles Vermögen, sich zu äußern, aus mir zunächst unzugänglichen Gründen in seine Beine verlegt hatte, als ob er sich durch diese darstellen wollte. Dann aber spürte ich und phantasierte ich für mich zunehmend stärker, seine Beine könnten ihm weglaufen. In der Folgezeit nahm ich eine große unerträgliche Angst in mir wahr, und ich fragte ihn, ob er Angst hätte, seine Beine zu verlieren. Er nickte. Ich faßte meine Beine fest an und bot ihm an, ob er seine Beine festhalten wollte, was ihm gelang und ihm ermöglichte, zu sprechen. Unter Tränen schilderte er mit einer zarten Stimme, wie sein Aquarium zu Hause plötzlich vom Tisch gefallen sei und zwei seiner Lieblingsfische gestorben seien. Davon hätte er einen solchen Schock bekommen, daß es ihn „zerrissen" hätte. Er sei zwar jetzt irgendwie „zusammengeflickt", aber es stimmte nichts mehr; er wolle aber auch nicht hier im Gefängnis bleiben, sondern nach Hause, denn zu Hause „da brennt's". Meine Intervention, ein Gefängnis sei sicherer als ein brennendes Zuhause, beantwortete er damit, daß es auch hier schon nach Brand riechen würde. Auf mein Befragen ging er dazu über zu sagen, es könnte hier auch anfangen zu brennen, und wir verständigten uns darüber, das Feuer unter Kontrolle zu bringen... Wir einigten uns auf bestimmte Rahmenbedingungen — so weit wie möglich — wie z.B. daß ich Kontakt mit zwei ihm in zeitlichem Wechsel zur Verfügung stehenden Personen auf der Station hielte usw. ... Während der nächsten sechs Wochen unternahm Paul eine Art Flucht in die Gesundheit, die ich zunächst unaufhaltbar erlebte; vieles kam mir unecht vor. Er hielt es nicht aus, während unserer festen wöchentlichen Termine mit mir in einem Raum zu bleiben, sondern faßte seine Beine wie bei der ersten Begegnung an und verlangte, mit mir nach draußen zu gehen. Wir gingen regelmäßig einen sich zunehmend erweiternden rituellen Weg; gehend konnte Paul sich damals besser mir gegenüber äußern als sitzend. Oft blieb er stehen, wenn er beim Sprechen eine Pause machte; das Gespräch hatte sehr stark Züge eines small talk über alle Gegenstände, die wir auf unserem Weg zu sehen bekamen. Doch am besten konnte ich mich in dieser Zeit mit dem identifizieren, was er mir über sein neues, in der Klinik eingerichtetes Aquarium erzählte. Er war froh, über die Gespräche mit mir dahin gekommen zu sein, sich nicht mehr „kaputt" wie ein toter Fisch und dann für „ein unglückliches Leben an Land zusammengeflickt" zu fühlen, aber er stellte keine Zusammenhänge her zu weitergehenden

Phantasien; er fragte nur immer wieder nach dem nächsten Besuch seiner Mutter und seinem nächsten Besuch zuhause. Ich habe heute noch deutlich das Bild vor mir, daß er sich beim Gehen damals nicht nach links und nicht nach rechts drehte; er vermittelte den Eindruck, zweidimensional zu sein und den Raum, in den er hineinragte, gar nicht zu kennen... Er kam eines Nachmittags in seine Therapiestunde und erzählte mir von einer politischen Demonstration mit vielen roten Fahnen; auf dem Marktplatz hätten alle gesungen. Ganz viel Polizei sei auch da gewesen und hätte mitgesungen. Während Paul erzählte, stieg in mir ein Unwohlsein auf, das ich empfand als etwas, das Paul in mich hineingesteckt hatte. Aber ich verfügte noch über keine Vorstellung, was das war. Aber dieses Unwohlsein verdichtete sich bei mir zu dem Gedanken, daß Pauls Flucht in die Gesundheit jetzt doch massiv an ihre Grenzen geriete. Meine vorsichtig geäußerten Zweifel am Mitsingen politischer Lieder durch die Polizei, denen die Sorge um eine problematische Fehleinschätzung der Realität zugrunde lag, konterte er mit einem trocken humorigen: „Spielverderber“, und zündete sich beim Weggehen sehr angeberisch eine Zigarette an. Anderntags schwieg er sehr lange, wirkte sehr depressiv und erzählte dann sehr leise, seine Mutter sei eine ganz böse Frau, sie hätte ihm die Zigarette gestern (anläßlich eines Besuches in der Klinik) aus dem Mund gerissen. Nachts hatte ich dann folgenden, für den weiteren Gang der Behandlung bedeutsamen Traum: Ich liege im Wasser und gehe unter, wobei es immer dunkler wird; ein Rudel kleiner Fische zieht über mir vorbei. Als ich aufwache und diesen Traum erinnere, bin ich erstaunt, gar keine Erstickungsgefühle im Traum gehabt zu haben. Offenbar war ich im Traum zum Fisch geworden. Es fiel mir aber auch bald auf, daß ich über Nacht eine Aphonie bekommen hatte, also keine Töne produzieren konnte. Ich bezog das mit Beunruhigung und Neugier auf Paul und kam in die Klinik, wo Paul nicht aus seinem Bett aufgestanden war, apathisch zurückgezogen erschien und zunehmend in eine katatone Starre verfiel. Er wackelte noch ein bißchen mit dem Kopf, schnappte nach Luft und wirkte auf mich äußerst hilflos wie ein Fisch an Land, wobei ich nun meinen

Traum, sein Nicht-Sprechen-Können und meine Aphonie, die sich rasch verlor, besser verstehen konnte. Paul lag im Bett, rührte sich kaum, machte ins Bett und wurde rundum hilfebedürftig. Dieser Zustand machte mir und allen Kollegen auf der Station Angst; zugleich kam eine Traurigkeit in uns allen auf, als ob Paul sterben würde. Da Paul weder essen noch trinken konnte, zumindest bis dahin von niemand was angenommen hat und er nach Aceton zu riechen anfing, spitzte sich sein Zustand bedrohlich zu. Ich war bedrückt, fühlte mich aber immer noch sehr sicher in der Beziehung mit ihm. Er redete zwar nicht, aber er schaute mich doch hin und wieder sehnsuchtsvoll an; da fühlte ich mich plötzlich sicher, holte etwas Milch zu trinken, richtete ihn etwas auf, indem ich ihn so gut es eben ging bettete, ergriff seine starre Hand, bewegte seine Finger langsam hin und her und legte sie auf meinen Arm: dann bewegte ich seine Hand auf meinem Arm langsam hin und her. In der Hand hatte ich eine Tasse Milch; Paul trank sonst sehr gerne und viel Milch. Allmählich übernahm er diese Bewegung und mit leiser Unterstützung von meiner Seite konnte er dann die Tasse zum Mund führen und trinken und nach drei Tagen auch wieder ein bißchen essen, aber nur in dieser sehr abhängigen Konstellation. Wenn er trank, hielt ich ihn fest im Arm, damit er nicht umkippte. Nach zwei weiteren Tagen konnte ich dazu übergehen, Paul auf diese Weise von seinen beiden anderen Bezugspersonen füttern zu lassen, was er vorher nicht zugelassen hatte. Speziell Schwester Margarete hatte mich öfters begleitet, was ich entlastend und schützend empfand. Zu zweit war Pauls Angst und Traurigkeit besser auszuhalten. Lange verstand ich nicht, warum er in dieser Zeit sagte, Schwester Margarete sei ein Mann, oder daß er mich fragte, wenn sie rausging: „Ist Schwester Margarete ein Mann?“ Von da an ging ich nicht mehr zu Paul auf sein Zimmer, sondern er kam wieder in mein Zimmer zu seinen Therapiestunden, in denen er erst klagte, die Milch sei aus Glas, und später, sie sei bitter; in dieser Zeit hatten er und ich beide eine blaue Cordhose an, was er kommentierte: „Wir haben dieselben Schuppen“.

Seine Angst steigerte sich jedoch erneut nachdem er eine weitere unerfreuliche Begegnung mit seiner Mutter hatte; er konnte nicht näher beschreiben, was passiert war. Ich fühlte mich mit Paul wie in einem Gebirge, wo wir ständig abstürzen konnten und wurde dabei zunehmend trauriger; dieses Erleben konnte ich dahingehend übersetzen, daß ich ihn fragte, ob er Angst hätte, zu sterben, worauf er anfing, sehr lange zu weinen. Er rutschte dabei langsam vom Sessel und klammerte sich an meine Beine, während er weiterschluchzte. Dieses Weinen hatte etwas ganz Lebendiges und bildete den Anfang einer Entwicklung, bei der Paul in seinen Körper hineinwuchs, sich vermenschlichte und vermännlichte. Seine Bewegungen wurden in den folgenden Wochen runder und im Unterschied zu den früheren Spaziergängen wirkte er auf mich als ein junger Mann, der sich selbst mit seinem Körper als einen Raum innerhalb des ihn umgebenden Raumes empfand und nicht mehr als eine Fläche. Die letzten Reste meiner Aphonie waren längst verschwunden und Paul konnte mit mir unter dem Thema „wie hat denn alles angefangen und wie geht es weiter?“ in eine weitere Arbeit eintreten, die nach seiner baldigen Entlassung aus der Klinik eineinhalb Jahre ambulant fortgesetzt werden konnte. Bis heute stehen wir noch immer in einem Kontakt und treffen uns in sehr großen Abständen. Monate später berichtete Paul über die Situation, wie ich ihn damals gefüttert hätte, daß er sich gewundert habe, daß ich Hosen und keinen Rock angehabt hätte.

Hauptsächlich im Rahmen der ambulanten Behandlung kamen wir dazu, genauer die Hintergründe seiner Erkrankung zu erforschen. Angefangen hatte alles damit, daß Paul in einer Familie lebte, in der die früh verwitwete Großmutter (mütterlicherseits) die Mutter und deren Schwester in Pauls und im Erleben der Familie die Eltern waren. Ein halbes Jahr vor Pauls Erkrankung war die Großmutter, in deren Zimmer er bis zu seinem 13. Lebensjahr geschlafen hatte, gestorben, und er wieder in das Zimmer der Großmutter gezogen. Dort hatte er mit „komischen Gefühlen“ das 1. Mal bewußt onaniert und sich daran erinnert, wie er das nackte Hinterteil der Großmutter beim Waschen angeschaut hatte und vorgab, er schliefe schon. Er sei dann in der Folge morgens oft sehr müde gewesen, insbesondere wenn die Mutter ihn zur Schule geweckt hätte und ihm „gedroht" hätte, der Vater würde ganz traurig, wenn er nicht pünktlich sei. Der Vater habe nach dem Tod der Großmutter kaum mehr gesprochen. Beim Onanieren hatte Paul in dieser Zeit auch zweimal einen Wadenkrampf bekommen; von da an hatte er zunehmend Angst vor dem Onanieren bekommen. In diesem Kontext konnte die anfängliche Angst vor dem Verlust der Beine — im Sinne der Gefährdung von Selbstrepräsentanzen — nunmehr aus dem Umgang mit der Erinnerung daran als Kastrationsangst gegenüber der Mutter gefaßt werden, was auch den Stellenwert der Szene mit der aus dem Mund gerissenen Zigarette erhellte. Die katatone Starre konnte der Patient phantasieren als Erektion seines ganzen Leibes; er nannte es eine „unangenehme Fortsetzung der Wadenkrämpfe beim Onanieren". Interessant ist, daß Paul erstmalig in seinem Leben seinen Vater entdeckte. Diese Entdeckung hat auch dazu geführt, den Vater mehr denn je in seine Rechte als Vater in der Familie treten zu lassen und Paul eine abgegrenzte Beziehung mit der Mutter zu ermöglichen. Unter anderem reden Vater und Sohn heute viel miteinander. Paul hat sich nach einer Reihe heftiger Rivalitätskämpfe mit seinem Vater wie mit mir zu einem jungen Mann entwickelt, der seinen Penis gebrauchen kann und nicht mehr fürchten muß, von Kopf bis Fuß ein Penis zu werden, der von einer archaischen Mutter verschlungen wird. Mit der immer noch geäußerten Traurigkeit der Mutter, Paul sei leider nicht mehr so zart und klein wie vor der Erkrankung, rede auch zu viel, kann Paul realistisch umgehen. Er arbeitet heute wie sein Vater und früher sein Großvater als Maurer. Ich habe in diesem Bericht neben vielem Anderem über Paul vernachlässigt, daß er Sonderschüler war, der bis zu seiner Erkrankung als sehr schwach begabt galt. Seine Eltern hätten ihn gerne nach dem enormen Entwicklungssprung, der sich bereits nach einem halben Jahr Behandlung abzeichnete, in eine weiterführende Schule geschickt. Ihm war aber die „Treue zu Vater und Großvater" wesentlicher.

4.4 Kommentar zur Kasuistik (4.3)

Rückblickend bleibt für mich, daß Pauls „sprechende Beine“ bei der ersten Begegnung bereits ihn und mich auf ein regressives Kommunikationsniveau einstimmten, bei dem ein Überfließen von Gefühlen in mich, wie es Tustin (1972 und 1981) beschrieben hat, möglich wurde. Diese Ebene des Überfließens korrespondiert von dem Entwicklungsniveau der von Mahler 1975 beschriebenen Stufe des normalen Autismus, also einer Welt, wo innen und außen ungeschieden sind, die früher als die sogenannte symbiotische Phase ist, in der es bereits eine gewisse Abgegrenztheit zwischen Ich und Außenwelt gibt, und daher weniger eine Kommunikation nach dem Modus des Überfließens als eine Kommunikation nach dem Modus projektiver Identifikation (Klein, 1962, und Bion, 1977), bei der es Grenzen zwischen der Mutter als „Container“ (Bion) und dem Kind als „contained object“ gibt. Außerdem ist der Übergang von der Konstellation des Traumes, in dem ich zum Fisch an Land wurde, bis hin zu dem Punkt, wo ich ihn füttere und mich danach wieder distanziere, das heißt in eine Position begebe, wo er sich etwas holen muß, ich aber nicht in ihn etwas aufdringlich reinstecke, ein Prozeß, bei dem die heilenden Kräfte der Abgrenzung bzw. Distanzierung ihn aus einer symbiotischen Abhängigkeit lösen konnten. Alles was sonst gelaufen ist, kommentiert den handelnden Umgang mit dem Patienten im Hinblick auf die Transformation seiner Grundstörung in eine Grundstimmung. Zu einem relativ späten Zeitpunkt wurde mir klar, daß die von mir als wohltuend und schützend empfundene Kooperation mit Schwester Margaret die Bedeutung hatte, daß ich in der Übertragung die Mutter und sie der Vater im Sinne einer schützenden Schale der Mutter-Kind-Beziehung war. So etwas war neu für Paul, aber wichtig, weil sein Vater in der von archaischen Müttern beherrschten Welt zunächst gar keine Gestalt hatte und erstmals wirklich in Erscheinung trat. Über die Erkrankung von Paul und das, was Paul speziell in der Arbeit mit mir vom Überfließen über eine therapeutische Symbiose, Distanzierung bis zur Verarbeitung des Erlebnisses einer Differenz zwischen mir und Schwester Margaret entwickelte, wird nun verständlich, weshalb er sich später auch nur bei mir gewundert hatte, daß ich in einer bestimmten Zeit, wo ich für ihn „die Mutter war“, ausgerechnet Hosen anhatte. Wenn ich behaupte, daß sich als die therapeutisch wesentliche Erlebnisfigur diejenige findet, die sich primär averbal abgespielt hat, will ich die verbalisierende Sprachhandlung speziell nach der Fütterungskonstellation nicht als überflüssig erachten. Eher habe ich zu zeigen versucht, daß der durch regressive Identifizierung mit dem Patienten gewonnene handelnde Umgang als therapeutische Konstruktion die Voraussetzung für eher klassische Deutungen geschaffen hat, mit deren Hilfe wesentliche entwicklungsgeschichtliche Rekonstruktionen beim Patienten dann erst möglich wurden. Grundsätzlich bin ich der Ansicht, daß Rekonstruktionen bei jeder Behandlung auf Konstruktionen angewiesen sind (Becker und Zons, 1983). Insofern wird deutlich, daß sich die Symbolisierungsfähigkeit des Patienten erheblich verbessert hat; daß das auch Konsequenzen für seine schulischen Leistungen hatte, hängt damit zusammen, daß sein früher niedriges Leistungsniveau eine Funktion seiner pathologischen Angstregulierung war; da Angst dumm macht, hat sich die Reduzierung seiner Ängste infolge der Behandlung auch in Differenzierungen seines Leistungsniveaus darstellen können.

Ich stimme mit Balints Eindruck überein, „daß in unserem derzeitigen Patientenmaterial die Anzahl der Menschen, die eine Regression nötig haben, größer ist als in der Vergangenheit, daß sie sogar ständig wächst“ (Balint, 1965, S. 201).

In diesem Sinne hat sich Pauls Krise als notwendiger Zusammenbruch erwiesen, der Voraussetzung eines echten Neubeginns war. Das ist sicher eine glückliche Konstellation, die nicht die Regel in der psychotherapeutischen Behandlung psychotischer Patienten darstellt. Erst recht ist das Konzept der therapeutischen Regression für die Behandlung jeglicher an einer Grundstörung leidender Patienten (siehe Heinzmann et al., 1984) unverzichtbar geworden. So lange die notwendigen Ich-Anpassungen fehlen, so lange sind therapeutische Regressionsprozesse nötig; eine Faustregel für die Grenze der therapeutischen Regression gibt es nicht. Differenzialdiagnostisch läßt sich die chronische Fixierung eines regressiven Zustandes gut abgrenzen von Behandlungsverläufen, indem ein komplexes Wechselspiel von Regression und Progression sich sukzessive in vervollständigenden Prozessen der Durcharbeitung der Grundstörungen darstellt; dies gilt insbesondere für die lang dauernde Behandlung autistisch-psychotischer Patienten (siehe Becker, 1981a).

Daß die Integrität der Therapeuten in der Handhabung therapeutischer Regressionen immer wieder auf eine Probe gestellt wird, die ihn immer wieder unmittelbar mit dem Gesicht seines eigenen verrückten Selbst, d.h. seiner eigenen psychotischen Persönlichkeitsanteile konfrontiert, gehört zur täglichen Routine der Arbeit mit psychotischen Patienten. Um reflexionsfähig und ich-spaltungsfähig zu bleiben, ferner um sich immer wieder von aufdringlichem therapeutischen Eifer zu befreien, fähig zur Einlassung wie zur Distanzierung zu sein, und insbesondere Geduld und Sicherheit mit sich selbst und den eigenen Unbeholfenheiten als Therapeut immer wieder neu entlang der Analyse der Übertragung und Gegenübertragung zu erarbeiten, dafür bedarf eine solche Arbeit der kontinuierlichen psychoanalytischen Einzel- und Gruppensupervision. Letztlich fördert eine als kontinuierliche Fortbildung und Forschung angelegte Supervisionsarbeit im Team einer Klinik die Fähigkeit zu emotionalem Wachstum, die psychotischen Patienten vorzuleben und unaufdringlich zur Verfügung zu stellen wohl die wichtigste therapeutische Aufgabe ist. An der hier vorgestellten Kasuistik wird überdies deutlich, was sich als roter Faden fast aller Behandlungen psychotischer Patienten klar erkennen läßt: die Transformation pathologischer Trauerprozesse in normale.

V.

Die Beendigung der psychoanalytischen Behandlung psychotischer Jugendlicher

5.1 Anwesenheit, Abwesenheit, Rahmen

In der letzten Stunde seiner ambulanten Psychotherapie sagte mir Paul im Rückblick auf seine stationäre Behandlung (siehe Teil IV. dieser Arbeit): „Ich danke Ihnen, daß Sie mir geholfen haben, aber eines will ich Ihnen doch sagen: Ihr Beruf ist ziemlich unmöglich, jedenfalls würde ich den nicht ausüben wollen.“ Darauf ich: „Aber ausüben willst Du ihn für Dich selbst wohl schon, künftighin ohne mich...!“ Paul: „Klar...“ Die Zeit ist um; wir schütteln uns freundlich die Hände. Ich: „Auf Wiedersehen Paul.“ Paul: „Tschüß, Herr Becker.“

Der Weg zu einer solchen letzten Stunde mit einem Jugendlichen, der wegen einer psychotischen Erkrankung stationärer und ambulanter Behandlung bedurfte, ist nicht selbstverständlich; die Krise des Jugendlichen muß in einem hohen Maße zur Krise derer werden, die ihn behandeln, um in einem gemeinsamen emotionalen Wachstumsprozeß den Weg katastrophischer Veränderungen (Bion, W.R. passim und Eigen, M. 1985, 1986) finden und gehen zu können, über die der Patient sich selbst näher kommt, etwas Neues, noch nie Erlebtes für sich gewinnt, aber immer wieder auch etwas aufgibt, was mit soviel Schmerzen, Schuldgefühlen und Trauer einhergeht, daß das Thema „Beendigung der Psychotherapie“ immer schon Thema ist — von der ersten Begegnung an. Die Setzung von Ritualen und zeitlichen Rhythmisierungen der An- und Abwesenheit der therapeutischen Teammitglieder und später im ambulanten Rahmen des einzelnen Therapeuten stellen einen Rahmen dar, der im Kontext der sich entwickelnden Übertragungs- und Gegenübertragungspsychose ausgelegt und transzendiert wird.

Das Mittel für die *Setzung, Auslegung* und *Transzendierung des Rahmens* (Bleger, passim) sind Deutungen, die wahr sind, sofern sie dialogkonstituiert sind und existenztragend werden. Diese Deutungen sind im Falle des tief regredierten Patienten zunächst nur solche für die Therapeuten im Rahmen der Supervision. Aber im Laufe zunehmender Reife und Symbolisierungsfähigkeit des Jugendlichen richten sich die Deutungsangebote unmittelbar an den Patienten als Subjekt seiner Behandlung. In dieser Sicht handelt jede Behandlung von Anfang an von ihrer Beendigung, weil die schmerzlichen und lebenskonstitutiven „Tode" über das trennende und verbindende Moment eines jeglichen Deutungsangebotes zustande kommen (Grinberg, L. 1980).

5.2 Das Herstellen der für die Ichfunktionen günstigsten Bedingungen

Die mit machtvollen Trieben ausgestatteten psychotischen Produktionen Jugendlicher scheinen oft das Fassungsvermögen einer psychotherapeutisch arbeitenden Station zu sprengen, sodaß die Frage, wo da eine Grenze zu ziehen sei, sich innerhalb der Behandlungsverläufe, aber auf eine besondere Weise bei deren Beendigung, immer wieder neu stellt. Am einen Ende der möglichen Antworten erscheint jenes Chaos, wo die haltenden Funktionen des therapeutischen Teams zerbrechen, „am anderen Ende steht die starre Ordnung, die nur noch verwaltet, den Therapeuten zwar vor psychotischen Zumutungen schützt, aber Reifungsprozesse nicht zuläßt" (Becker, H. und Nedelmann 1987, S.5). Über die Grenze muß täglich in mühsamer Kleinarbeit immer wieder neu reflektiert und entschieden werden. Die psychoanalytisch sozialpsychiatrische Reflexion in den Supervisionen und die ärztliche Entscheidung beziehen sich dabei sowohl auf die individuelle Behandlung als auch auf das Ensemble der verschiedenen individualisierenden Behandlungen der Station als einer *Ergänzungsreihe*, die den Gesamtrahmen fundiert. Von der differenzierten *Konstruktion* und *Rekonstruktion dieser Ergänzungsreihe* hängt jeweils ab, ob entlang der *Feinanalyse der ersten Begegnungen* mit einem psychotischen Jugendlichen auf der Station ein therapeutisches Bündnis zustande kommt, bei dem die Behandlung von dem Jugendlichen und dem therapeutischen Team wirklich gewollt wird. Von solchem Beginnen hängt wesentlich ab, ob die Behandlung überhaupt eines Tages beendet werden kann und nicht abgebrochen werden muß.

Eine Behandlung beenden zu können wird vielfach am Kriterium der emotionalen Reifung eines Patienten bzw. seiner Normalität gemessen. Was ich bisher zum Setting über Beginn und Beendigung von Behandlungen ausgeführt habe, verweist darauf, daß die Normalität des Patienten von der Qualität der therapeutischen Objektbeziehungen mit dem Therapeuten, bzw. dem therapeutischen Team, nicht unabhängig begriffen werden kann, was Freud schon für die ersten psychoanalytischen Behandlungen thematisierte: „Nicht nur die Ich-Beschaffenheit des Patienten, auch die Eigenart des Analytikers fordert ihre Stelle unter den Momenten, die die Aussichten der analytischen Kur beeinflussen und dieselbe nach Art der Widerstände erschweren" (Freud 1937 GW XVI, S. 93). Überdies warnt Freud davor, sich zum Ziel zu setzen, „alle menschlichen Eigenarten zugunsten einer schematischen Normalität abzuschleifen..." (Freud 1937, S. 96). Mit Freud läßt sich Normalität als kompensierte Pathologie und Pathologie als dekompensierte Normalität begreifen. „Die Neurose verleugnet die Realität nicht, sie will nur nichts von ihr wissen; die Psychose verleugnet sie und versucht sie zu ersetzen. Normal oder gesund heißen wir ein Verhalten, welches bestimmte Züge beider Reaktionen vereinigt, die Realität so wenig verleugnet wie die Neurose, sich aber dann wie die Psychose um ihre Abänderung bemüht. Dies zweckmäßige normale Verhalten führt natürlich zu einer äußeren Arbeitsleistung an der Außenwelt und begnügt sich nicht wie bei einer Psychose mit der Herstellung innerer Veränderungen" (Freud 1924 GW XVI, S. 365). Die Behandlung solle „die für die Ich-Funktionen günstigsten Bedingungen herstellen, damit wäre ihre Aufgabe erledigt" (Freud 1937 GW XVI, S. 96; Ferenczi 1927). Diese Aufgabe ist von der zu fördernden Autonomie des Patienten nicht ablösbar, das heißt, die Behandlung soll „die krankhaften Reaktionen nicht unmöglich machen, sondern dem Ich des Kranken die Freiheit schaffen,... sich so oder anders zu entscheiden" (Freud 1923 GW XIII, S. 280).

5.3 Wiedergeburt und/oder Neugeburt des psychotischen Patienten

Bei den psychotischen Jugendlichen, deren betreuerischer Alltag in der psychoanalytisch supervidierten Langzeitbehandlung am Beispiel der Reifung und Loslösung von Du Bois et al. (1987) im Rahmen einer Bestandsaufnahme beschrieben wurde, möchte ich zwei große Unterscheidungen machen: Es gibt einerseits psychotische Jugendliche, die eine stationäre Behandlung benötigen, weil sie nie im Leben ein Stück gute innere Umwelt haben aufbauen können. Sie sind, schwerst kontakt- und beziehungsgestört, für sich selbst und ihre Umwelt untragbar geworden und bedürfen der Hilfe einer stationären Behandlung. Andererseits gibt es Jugendliche, die ein gutes Stück innerer Umwelt aufbauen konnten, diese jedoch aus welchen Gründen auch immer verloren haben.

Bei beiden spüren wir in der Gegenübertragung die Angst vor der Zerstörung der gesamten Person. Dennoch stellen sich Verlauf und Beendigung der Behandlung bei beiden Gruppierungen anders dar, weil im ersten Fall das Problem besteht, daß die Patienten als Personen erst psychisch geboren werden müssen, während bei der zweiten Gruppe so etwas wie eine psychische Wiedergeburt therapeutisch zu initiieren ist. Obwohl in beiden Fällen therapeutisch die Absicht verfolgt wird, „eine gründliche Erschöpfung der Krankheitsmöglichkeiten und tiefgehende Veränderung der Person herbeizuführen" (Freud 1937 GW XVI, S. 68), so hat sich doch bei der ersten Gruppe im Rahmen der stationären und ambulanten Behandlungen erwiesen, daß diese Behandlungen sehr schwer zu beenden sind und höchstens von kürzeren oder etwas längeren Pausen unterbrochen werden können, während die zweite Gruppe zwar auch Probleme der Beendigung erzeugt, aber aus den bisher gemachten Erfahrungen heraus relativ sicher einer Verselbständigung ohne weitere Behandlung zugeführt werden kann.

Aus der Studie von Du Bois et al. (1987) scheinen mir zwei Patienten, die sich diagnostisch als autistisch psychotisch beschreiben lassen, definitiv der ersten Kategorie zuordenbar. Meine Annahme über verlängerte Behandlungen und die Schwierigkeiten, Behandlungen autistisch-psychotischer Patienten überhaupt zu beenden, wird bestätigt durch Freuds Ausführungen über schwer leidende Patienten, die zu fortgesetzter Behandlung bei ihm blieben (Freud 1937, S. 365), aber auch durch Wallersteins Behandlungen sogenannter „Lifer" (Wallerstein 1986) und schließlich durch die Patienten des Therapeutischen Heimes des Vereins für Psychoanalytische Sozialarbeit e.V. (Allerdings et al. 1984; 1987), deren Behandlungen aus der Kinder-und Jugendpsychiatrie Tübingen hervorgegangen sind, aber personell und zeitlich einen anderen institutionellen Rahmen brauchten als dies bei einer stationären Behandlung in einer Kinderpsychiatrie möglich erschien. Das Therapeutische Heim verfügt über einen Behandlungszeitraum im stationären Rahmen von durchschnittlich 5 Jahren. In bestimmten Fällen dauerten die stationären Behandlungen 7 und 8 Jahre, bis ambulante Behandlungen folgen konnten. Damit bin ich bei einem wichtigen Punkt angelangt: Es ist zu unterscheiden zwischen der Terminierung im Sinne dessen, daß der Patient seinen Therapeuten definitiv nicht mehr braucht, und Terminierungen des stationären Behandlungsabschnittes, dem mit oder ohne Pause eine ambulante Weiterbehandlung folgt, im günstigsten Fall durch einen glaubwürdigen therapeutischen Zeugen der stationären Behandlung.

5.4 Bestimmungsstücke für stationäre und ambulante Behandlung. Abriß einer Idealtypik

Um die Beendigung der stationären und dann der ambulanten Behandlung zu sichern, schildere ich Bestimmungsstücke einer Behandlung, die durch den Aufbau bestimmter Strukturen Voraussetzungen für die Beendigung der Behandlungen schafft. Was in dem folgenden Abriß einer Idealtypik als ein zeitliches Hintereinander imponiert, ist in der Realität der Behandlung eher ein immer komplexeres Oszillieren der verschiedenen Bestandteile eines psychischen Prozesses.

Am Anfang begegnet ein psychotischer Jugendlicher einer Station, die sich ihm als fördernde, d.h. ihn haltende Umwelt zur Verfügung stellt. Je tiefer er regrediert ist, desto eher entwickelt er dann eine Übertragung nach dem Modus des Überfließens (Tustin 1972, 1981). Fragmente seiner Person kann er zu diesem Zeitpunkt noch nicht konstant an bestimmte Personen binden; er schwappt mit seinen Gefühlen gewissermaßen in Personen seiner Umwelt hinein und aus ihnen heraus, was sich in der Gegenübertragung eines Teams als Angst niederschlägt, in Stücke zu gehen, zu fallen ohne Ende und über kein Mittel zu verfügen, mit einem anderen in Beziehung zu treten (Winnicott, passim). Wenn die Fragmente sich in der fördernden Umwelt so ablagern, daß sie zu stabiler werdenden affektiven Besetzungen führen, dann entsteht eine zunehmend differenziert erlebte Grenze zwischen dem haltenden Team, d.h. dem Team als Container, den Gefühlen des Patienten und dem Patienten als „Contained Object“ (Bion 1977). Die Stabilität beruht darauf, daß die Fragmente des Patienten behalten und erinnert werden können und daß im Empfinden des therapeutischen Teams eine Gestalt des Patienten entsteht, vergleichbar der unbekannt-bekannten, neugierig erwarteten und als Traumgesicht vorphantasierten Gestalt eines Kindes vor seiner Geburt. Noch ehe der Patient selbst träumen kann, wird er vom Therapeuten bzw. vom therapeutischen Team erträumt. Es träumen Personen, die in Hilfs-Ichfunktionen mit ihm identifiziert sind, an seiner Stelle. Je stabiler die affektive Ich-Grenzen-Besetzung (Federn 1978) durch den Patienten sich gestaltet, desto weniger Hilfs-Ich-Funktionen durch andere Personen braucht er und umso mehr wird er seinen Traum selber träumen, was prognostisch günstig ist für die Beendigung seiner Behandlung und den Anfang seiner unendlichen Behandlung ohne den Therapeuten. Die von mir geschilderte Ebene des Überfließens korrespondiert vom Entwicklungsniveau her der von Mahler (1975) beschriebenen Stufe des normalen Autismus, also einer Welt, wo Innen und Außen ungeschieden sind, und die vor der sogenannten symbiotischen Phase liegt, in der es bereits eine Abgegrenztheit zwischen Ich und Außenwelt gibt und daher weniger eine Kommunikation nach dem Modus des Überfließens als eine Kommunikation nach dem Modus projektiver Identifikation (Klein 1962; Bion 1977), bei der es Grenzen zwischen der Mutter als „Container" und dem Kind als „Contained Object" (Bion) gibt. Wenn sich die Übertragungsmodalität projektiver Identifikation einstellt, dann geht der Jugendliche, wie Ekstein einmal gesagt hat (1980) mit uns um, als ob wir Marionetten wären, die er bewegt. Lange besteht die Kunst der Behandlung darin, sich zunächst nur als Marionette gebrauchen zu lassen und dem Patienten zu gestatten, mit seinem Therapeuten bzw. seinem therapeutischen Team nach dem Modus „was mir gut ist, ist dir recht" (Balint 1969, S. 93) zu verfahren, aber dabei nicht stehen zu bleiben: Nicht stehen bleiben, sich nicht bloß projektiv identifizieren zu lassen (Hinz, H. 1989), heißt, über diese Art der bisweilen terroristisch-manipulativen Übertragungsbeziehung mit dem Patienten überhaupt in Beziehung zu sein und diese Beziehung behutsam mit etwas anzureichern, das anders ist als das, was er seinen „Marionetten" vorschreibt.

Wenn diese behutsame Anreicherung zunehmend Terrain gewinnt, ohne daß der Patient sich unerträglich bedrängt und unterdrückt erlebt, kommt ein Zeitpunkt, an dem der Patient wahrnimmt, daß seine Gegenüber keine Marionetten sind, sondern reale, von ihm verschiedene Personen. Erst zu diesem Zeitpunkt fängt er an, selber psychisch real zu sein. An dieser Stelle hat sich die Behandlung durch das therapeutische Team und insbesondere durch die als therapeutische Zieheltern fungierenden Hauptbezugspersonen auf der Station in der Übertragungs-Gegenübertragungsbeziehung auf die Transformation und Strukturierung von Ich-Ängsten zentriert. Später, mit zunehmender narzißtischer Sicherheit infolge der transformierten Ich-Ängste gewinnen die Übertragung und Durcharbeitung von Triebängsten Raum in der Behandlung.

In diesem Stadium der Behandlung kann sich das psychotische Krankheitsbild rein äußerlich betrachtet drastisch verschlimmern und verschlechtern, weil die Übertragungspsychose bzw. Übertragungs- Gegenübertragungspsychose, je vollständiger sie sich entwickelt, desto besser ermöglicht, daß sich im Binnenraum der Behandlung die paranoid-schizoide Position entfaltet, die für das Lebensschicksal des jeweiligen Jugendlichen in typischer Weise ausgeprägt wird. Wenn die paranoid-schizoide Position im Binnenraum der Behandlung vorschnell zugunsten der Konstruktion der depressiven Position unterdrückt wird, kommt es nicht nur zu einer Über-Ich intropressiven, therapeutisch inszenierten falschen Wiedergutmachung, sondern die verfrühte Konstruktion der depressiven Position zwingt den Patienten, schützende Funktionen seiner Fragmentierungen aufzugeben, über die er sich zunächst authentisch erlebt hat. Dies erfährt er als die Vernichtung seiner selbst bzw. als Verlust jeglichen psychischen Eigensinns.

Daß es zu einer solchen Vernichtung psychischen Eigensinns des Patienten kommen mag, ist nicht reduzierbar auf einen möglichen technischen Fehler des therapeutischen Teams, sondern ist als Ausdruck des Gegenübertragungs-Widerstandes Botschaft des Patienten selber, der zum Beispiel eine abgespaltene, traumatische Erfahrung in seinem Ich nicht reintegrieren will, sondern lieber wachend schläft, um nicht unerträglichen Schmerzen ausgesetzt zu sein. Dabei stellt sich der therapeutische Prozeß zunehmend dar als taktvolles Gewecktwerden des Patienten vom Schlafen zum Wachen. Es geht also darum, „den aufgegebenen Geist taktvoll und doch energisch wieder zu beleben und jenes abgestorbene oder abgespaltene Fragment langsam zu der Einsicht zu bringen, daß es doch nicht gestorben ist. Zugleich muß der Patient so viel Mitleid und Mitgefühl erfahren, daß es sich für ihn lohnt, wieder zum Leben zu kommen. Doch darf dieses vorsichtig zärtliche Behandeln nicht gar zu optimistisch werden. Die Wirklichkeit der Gefahr und die Nähe des Todes respektive des Selbstaufgebens muß zugegeben werden. Keinesfalls darf also — wie das Kranken und Kindern gegenüber so oft geschieht — das Trauma als eine Lappalie behandelt werden. Schließlich muß auch eingestanden werden, daß unser Helfen-Können, ja auch Helfen-Wollen, beschränkt ist. Das heißt, der Patient muß langsam einsehen, daß ihm von außen allein nicht geholfen werden kann, daß er also den verfügbaren Rest des eigenen Willens mobilisieren muß. Am Ende muß sogar ehrlich eingestanden werden, daß ohne die Eigenhilfe des Patienten unser Bemühen nutzlos bleibt. Die Frage bleibt offen, ob es nicht Fälle gibt, bei denen die Wiedervereinigung des traumatisch abgespaltenen Komplexes so unerträglich ist, daß sie doch nicht völlig zustande kommt „und der Patient mit neurotischen Eigenheiten ... oder gar tiefer in das Nichtsein oder Nichtseinwollen versinkt“ (Ferenczi 1988, S. 82). Ferenczis Überlegungen lassen sich verstehen als das Zulassen einer Oszillation von paranoid-schizoider und depressiver Depression im Binnenraum der Behandlung.

Dies ist nur möglich, wenn das therapeutische Team dahin kommt, sich von jedem Anspruch, den Patienten kurieren zu wollen, so freizumachen, daß sich jedes Teammitglied, vom Stationsarzt bis zum Zivildienstleistenden, von jeglichem Behandlungswissen entleert. Letztlich läuft dies darauf hinaus, daß die Halluzinationen eines psychotischen Jugendlichen mit multiplen Halluzinationen in der Gegenübertragungspsychose des Teams zusammentreffen (Eigen 1985; Bion, passim). Dieses Zusammentreffen schafft ein gegenseitiges Erkennen zwischen dem Patienten und dem therapeutischen Team, das nur möglich ist, wenn die Abwehrfunktionen therapeutischen Wissens mindestens vorübergehend vollständig außer Kraft gesetzt werden. Dies sagt nichts darüber aus, daß nicht im Rahmen der Supervision die Ich-Spaltungsfähigkeit der Teammitglieder auch immer wieder neu herzustellen ist. Die Macht der Gegenübertragung, die hier wirksam wird, ermöglicht die Objektbeziehungsregression des Patienten auf die Ebene der Erfahrung, bei der seiner Begierde kein signifikanter Anderer, sondern ein Nichts gegenübergestanden hat.

5.5 Realitätsprüfung in der Terminalphase der Behandlung

Unter Umständen bewegt sich die Behandlung des psychotischen Jugendlichen erst weiter und seiner Beendigung entgegen, wenn die Therapeuten an ihrem Therapieren-Wollen verzweifeln, dann aber vom Jugendlichen den Weg gezeigt bekommen, wie alles weitergeht und die Behandlung beendet werden kann. Führen nun alle die hier umrissenen sensiblen Erlebnis- und Reflexionsfiguren beim psychotischen Jugendlichen dazu, daß er sein Kranksein und seine Möglichkeit in Beziehung zu signifikanten Anderen erträgt, stellt sich für die Durcharbeitung seiner Triebängste vorrangig die Bearbeitung seiner Onanie-Phantasien ein. Die Durcharbeitung der Onanie-Phantasien (Laufer 1968; 1984) macht es möglich, inzestuös verfälschte Objektbeziehungen und insbesondere daraus resultierende Tendenzen zur Verschmelzung zu verwandeln, indem die Dominanz des inzestuösen Objektes reduziert, das inzestuöse Objekt jedoch nicht abgespalten, sondern integriert wird.

In der fortgeschrittenen Terminalphase berichtet ein Jugendlicher, der seinen Traum heute selber träumen kann und nicht zuletzt eine sehr weitgehende Durcharbeitung seiner Onanie-Phantasien hinter sich hat, folgenden Traum: „Ich saß bei Ihnen im Behandlungszimmer, aber dies ist nicht mehr Ihr Behandlungszimmer gewesen, sondern ein Wohnzimmer. In dieses Wohnzimmer ist Ihr kleiner drei bis vier Jahre alter Sohn hereingekommen, den Sie sehr liebevoll empfangen haben und dem Sie auf eine sehr einfühlsame und ihn nicht verstoßende Weise begreiflich machten, daß er Sie und mich noch eine Weile weiterreden lassen sollte. Mir hat Ihr Umgang mit Ihrem Sohn recht gut gefallen. Irgendwann war unser Gespräch zu Ende und Ihre Frau trat ein mit einigen anderen Bekannten und trug einen Salat auf, den wir gemeinsam aßen. Dann standen Sie auf, Anstalten machend, mit einem Freund fortzugehen, und ich wurde in dem Moment unsicher, ob Sie darauf achten, mich jetzt mitzunehmen oder ob Sie mich ausschließen. Sie aber öffneten galant die Tür und gaben mir ein deutliches Zeichen, auf jeden Fall dabei zu bleiben.

„Der Patient deutete diesen Traum als ein Zeichen dafür, daß seine Beziehung zu mir realistischer wurde, weil er grundsätzlich mit mir keine Therapie mehr machen wollte, sondern Vorstellungen von einem künftigen konventionellen Umgang mit mir hätte. Er sah das als ein gutes Zeichen dafür an, bald aufhören zu können. Bald arbeiteten er und ich fünf Jahre lang zusammen. Ich sagte ihm daraufhin, ich glaubte, der erwachsene Patient, der mit mir Analyse machte, erschiene auch als Umschrift seiner selbst in der Gestalt des kleinen Jungen, den er meinen Sohn nenne. Wie er mich im Umgang mit meinem Sohn beschriebe, sei sein Vater offenbar nie mit ihm umgegangen. Der Traum vervollständige sich in der Weise, daß der Patient sehr wohl Teil einer Erwachsenenwelt sei, aber ängstlich würde, ob er wirklich dazu gehöre, bzw. ob er dabei bleiben dürfe. Ich ergänzte diese Deutung damit, daß ich ihm sagte, seine Ängstlichkeit rühre daher, daß er zwar in der Behandlung bei mir nicht so schnell wie früher im Verhältnis zu seinen Eltern erwachsen sein müßte, aber daß er immer noch ein bißchen in diese Richtung drängte, als ob fünf Jahre eine lange Zeit für mich wäre. Er könne aber sicher sein, ich drängte ihn nicht, vorschnell mir erwachsen gegenüberzutreten. Noch immer hätte er Zeit, und die Angst im letzten Teil des Traumes sei letztlich die Angst, mit der er mich fragte, ob ich ihm denn die Zeit ließe, die er bräuchte, um nicht im Sinne des Zwanges zur Wiederholung vorschnell in das Erwachsensein gedrängt oder aus ihm ausgeschlossen zu werden. Der Patient fühlte sich über diese Interpretation gut erkannt, was weitere Träume im Sinne eines sich stabilisierenden ödipalen Integrationsniveaus in den folgenden Behandlungsstunden bestätigen und kommentieren konnten.

Die Reduzierung des inzestuösen Objektes ermöglicht, daß der Jugendliche insbesondere prägenitale Zärtlichkeit und die sich entwickelnde genitale Liebe nicht mehr mit so viel Angst erlebt, daß er sich nur über psychotische Zusammenbrüche Schutz verschaffen kann; anstelle der Tendenz zur Verschmelzung kann endlich die Fähigkeit treten, zu signifikanten Anderen Beziehungen aufzunehmen. Auf der Übertragungsebene heißt dies, daß eine genügend gute und genügend böse Mütterlichkeit und Väterlichkeit erfahren und verinnerlicht werden können; dies gelingt über die Konstruktion des Ödipus, d.h. die Instanz des Vaters wird dort real erfahrbar, wo sie bis dahin nur als extreme Abwesenheit im Jugendlichen wirksam gewesen ist und folglich so wenig wie eine frühe, so wenig eine späte Triangulierung zu ermöglichen vermochte.

5.6 Gegen vorzeitiges Schielen auf Terminierung

Die Dauer der Behandlung verzögert sich überflüssig, je mehr wir vorzeitig auf die Terminierung der Behandlung schielen. Nur wenn wir uns darauf konzentrieren, daß die Erfahrung des Getrenntseins, des Verschiedenseins des Jugendlichen von seinem Therapeuten in dessen Gegenwart genügend Platz während des Behandlungsverlaufes insgesamt findet, dann läßt sich sinnvoll eine Beendigung der Behandlung einrichten. Das aber ist von der Analyse der Gegenübertragung des Therapeuten abhängig, d.h. seiner Fähigkeit, dem Jugendlichen gegenüber allein zu sein, ohne sich einsam und sinnlos zu fühlen. Letzteres ist wesentlich gerade für die psychotischen Patienten. Bei ihnen sehen wir ja nicht selten, daß sie daran erkrankt sind, daß sie entweder ihre Eltern oder einen Elternteil schon in früher Kindheit versorgen mußten, anstatt selber versorgt zu werden, oder daß sie so vernachlässigt aufwuchsen, daß sie sich als pathologische Selbstversorger so weit überforderten, daß sie nur über die funktionelle Regression einer psychotischen Erkrankung Zugang zu ihrem Mangel fanden. Über die Aufhebung dieses Mangels in der Arbeit mit therapeutischen Zieheltern wird ein emotionales Wachstum hin auf ein ödipales Integrationsniveau ihrer Person möglich.

5.7 Verschiedene Näherungen an Ödipalität

Das Stadium ödipaler Integration erreichen die psychotischen Jugendlichen über ihre Behandlung in je unterschiedlichen Näherungen. Je mehr ihnen dies gelingt, desto mehr nähern wir uns einem Niveau der Behandlung, das eine sinnvolle Beendigung zuläßt, die folgenden Terminierungskriterien genügt:

„a) Die Aufhebung der kindlichen Amnesie, die eine glückliche Beziehung zwischen Vergangenheit und Gegenwart, besonders im Hinblick auf die Elemente des Ödipuskomplexes erlaubt;
b) die Fähigkeit der heterosexuellen genitalen Befriedigung;
c) die Fähigkeit, libidinöse Versagungen ohne regressive Abwehr und Angst zu ertragen;
d) die Fähigkeit, zu arbeiten und ebenso die Fähigkeit, Mußestunden zu ertragen;
e) die Fähigkeit, aggressive Strebungen gegen sich und andere ohne Schuldgefühle zu ertragen und ohne daß es den Verlust des Liebesobjektes nach sich zieht;
f) die Fähigkeit, großes Leid zu ertragen."
(Rickmann 1950. In: Eickhoff 1975, S. 100).

Nun gibt es Jugendliche, die die Station verlassen, lange bevor sie ein ödipales Integrationsniveau ihrer Persönlichkeit erreicht haben, falls sie überhaupt je eines erreichen und in der Lage sind, außerhalb einer Klinik zu leben, sich zumindest ausreichend zu versorgen und ein ambulantes Behandlungsangebot zu verwenden. Letztere sind diejenigen Jugendlichen, denen es gelungen ist, die Darstellung ihres psychotischen Leidens so sehr an den Rahmen der Behandlung zu binden, daß sie sich ich-spaltungsfähig und reflexiv ihrer eigenen Verrücktheit gegenüber verhalten. Sie würden im Rahmen der Weiterbehandlung gestörter in Erscheinung treten als in anderen sozialen Kontexten, speziell in der Öffentlichkeit, zum Beispiel in der Schule, weshalb sie keinen sie schützenden stationären therapeutischen Rahmen mehr brauchen. Es gibt aber auch Jugendliche, die den schützenden Abstand zum regressionsfördernden Mehrpersonen-Setting der Station benötigen, um besonders angst- und schuldbesetzte Vorstellungen artikulieren zu können.

5.8 Vergangenheit Revue passieren lassen, ohne in Vergangenheit zurückzufallen

Mittlerweile ist es ein Erfahrungswert, daß diejenigen Jugendlichen, die von der Beendigung ihrer stationären Behandlung wissen, auf diese Zäsur stark reagieren. Ekstein (1980) brachte diese Reaktion in das Bild eines Theaterstückes, an dessen Ende noch einmal alle Schauspieler auftreten und sich verbeugen, was man aber nicht damit verwechseln dürfe, daß das Theaterstück von neuem anfinge. Für die Psychosebehandlung in der Kinder- und Jugendpsychiatrie bedeutete dies: Es mußten „die Betreuer... ihren Patienten zugestehen, daß sie ihre Probleme noch einmal Revue passieren ließen, um sich schließlich zu vergewissern, daß sich doch etwas geändert habe. Es war dann wichtig, die Patienten anläßlich ihrer ‚Rückfälle' nicht darauf festzulegen, daß sie wieder so krank geworden seien wie zu Beginn der Behandlung. Aufgabe der Betreuer war es, sich in dieser Situation von der traumatischen Erinnerung an das schlechte Befinden ihrer Patientem am Behandlungsbeginn freizumachen, um so die Patienten nicht erneut in der Krankheit zu fixieren" (Du Bois et al. 1987, S. 139).

Wenn das Überflüssigwerden seiner Krankheitsmöglichkeiten in Verbindung mit einer Veränderung seiner ganzen Person für den ursprünglich psychotischen Jugendlichen die Beendigung seiner Behandlung von selbst hervorbringt, ist dies zweifellos die günstigste Bedingung und zugleich eine, die Raum für genügend Trauerprozesse zuläßt, nicht zuletzt zum Zwecke der Aufhebung phantasmatischer Schuld in beiden Richtungen: beim Jugendlichen und beim Therapeuten. Dabei ist mir die Mehrzahl von solchen Jugendlichen in Erinnerung, die in den letzten Stunden ihrer stationären oder ambulanten Behandlung weniger einen depressiven, als einen aggressiven Affekt zeigten, weil sich Jugendliche mit der Trauer über das Auseinandergehen, zumal nach einer psychotischen Erkrankung, schwerer tun als Erwachsene; entscheidend für die Qualität der Terminierung ist, daß es überhaupt zu Zeichen von Trauer kommt.

5.9 Liebes-, genuß- und arbeitsfähig

Eine Beendigung, die von selber zustande kommt, steht aber nur in einem scheinbaren Widerspruch zur Terminsetzung für die Beendigung einer Behandlung. Wenn es stimmt, daß die Objektbeziehungsregression und die daraus resultierenden Möglichkeiten der strukturverändernden Durcharbeitung abhängig sind von der Macht der Gegenübertragung des Therapeuten bzw. des therapeutischen Teams, dann sind die Einfälle der Patienten, ohne den Therapeuten liebes-, genuß- und arbeitsfähig weiterleben zu wollen, sehr ernst zu nehmen. Ein für eine Beendigung verabredeter Termin ist unbedingt einzuhalten, weil ein solcher Termin sonst nichts mehr ist, dem Glauben zu schenken es wert wäre.

5.10 Trennung und reife Wiederannäherung

Schon während der Behandlung und nicht erst an deren Ende muß es einem psychotischen Jugendlichen möglich werden, Trennung und reife Wiederannäherung, und insbesondere den Tod des Therapeuten, nicht mehr nur als möglichen Verlust, sondern als Emanzipation von ihm, d.h. als Bedingung seiner Symbolisierung zu begreifen und thematisch zuzulassen. So helfen wir psychotischen Jugendlichen wirklich, mit dem umzugehen, was ihnen am schwersten fällt: dem Leben mit Trennungen und Grenzen. Die ständige Durcharbeitung unserer eigenen Gegenübertragungen in der Behandlung kann uns helfen, den Jugendlichen Grenzen ihrer selbst aufzuzeigen, indem wir fähig sind, Grenzen unserer selbst ihnen vorzuleben, die sich z.B. in einem angemessenen Verhältnis qualifizierter Anwesenheit und Abwesenheit bis in die individuelle Dienstplanstruktur der Station hinein niederschlägt. Außerdem können Therapeuten nur begreifen, daß sie selbst überflüssig werden, wenn sie die Hybris übersteigerter Ansprüche an die Fähigkeiten ihrer Patienten überwinden, indem sie ihre eigenen Mängel als Voraussetzung dessen reflektieren, daß auch sie sich während der Behandlung des psychotischen Jugendlichen und an deren Ende weiterentwickeln und nicht erkranken müssen.

5.11 Anfang und Ende hängen immer miteinander zusammen

Es ist eine Frage der Humanität, psychotische Jugendliche psychotherapeutisch zu behandeln; daß dies auch in der Bundesrepublik Deutschland ansatzweise versucht wird, ist ein Fortschritt, der nur hält, was er verspricht, wenn solche Behandlungen auch beendet werden. Ohne Beendigung wird jede Behandlung zu einer Sphinx, deren Rätsel nicht gelöst wird und die daher nicht sterben darf. Dem widerspricht nicht, daß uns bestimmte Patienten ihr Leben lang therapeutisch gebrauchen, was so lange für die Güte unserer therapeutischen Kunst spricht, solange wir den Glauben in die Notwendigkeit, mit unserem ganzen Beruf überflüssig zu werden, nicht aufgeben. Das gilt auch dann, wenn sich das Entwicklungsniveau der Leidensfähigkeit der uns anvertrauten Jugendlichen nur so weit entfaltet, daß sie zwar für ihre Bedürfnisse sorgen können, aber sich einer Arbeit, mit der sie Geld verdienen, verweigern.

Auch hier erweist sich der Takt und die Bescheidenheit dessen, der psychotherapiert, grundsätzlich und im Hinblick auf die Beendigung der Behandlung als angemessen, wenn wir es den Jugendlichen überlassen, den Ort des realen Lebens und der Arbeit außerhalb der Behandlungen in Zusammenarbeit mit dritten, von den Therapeuten unabhängigen Personen, zu strukturieren. Mit einem solchen Arrangement bleibt die Psychotherapie ein unaufdringliches Mittel für den Jugendlichen als Subjekt seiner Behandlung. Ohne dieses Arrangement kann sich der Jugendliche von seiner Therapie nicht ablösen und kann die in seiner Behandlung gewachsenen Bindungen nicht verinnerlichen. In ihrer Verzweiflung finden Jugendliche, die in aufdringlicher Weise in verdinglichenden Institutionen therapiert werden, bisweilen nur dann einen Ausweg, wenn sie alles kaputt machen und sich selbst dabei so sehr verletzen, daß sie an einem anderen Ort und mit anderen Personen neue Hilfe brauchen, falls ihre Therapeuten sich nicht ändern können.

Die Beendigung der Psychotherapie Jugendlicher führt immer wieder an den Anfang und zu Problemen des Behandlungsverlaufes überhaupt. So wie im günstigsten Falle der psychotische Zusammenbruch Voraussetzung für einen Neubeginn des Patienten wird, so vermag eine ausreichende Behandlung Anfang und Ende der Behandlung so zu verknüpfen, daß der Epilog der Behandlung zu dessen Prolog wird (Ekstein 1966), nämlich zu der bleibenden Fähigkeit des Jugendlichen, ohne unsere reale Verfügbarkeit Verantwortung für sich zu übernehmen und sich, von tiefer Einsicht getragen, selbst weiterzuhelfen. Dieses Ziel korrespondiert mit dem, was Freud „unendliche Analyse" genannt hat, demzufolge sich die Beendigung der Psychotherapie im Sinne einer äußeren Ablösung vom Therapeuten intrapsychisch als Bindung in einem fortzusetzenden analytischen Prozeß qualifiziert.

VI.

Rückblick — Ausblick

In der Einleitung (I) baue ich eine Bühne, auf der ich vier Figuren erscheinen lasse; diese vier Figuren sind in der Metaphernsprache Bions 1. der Denker, der hier schreibt, bzw. der von ihm sogenannte Mystiker, 2. die messianische Idee, 3. die Gruppe und 4. das Establishment. Die Exposition dessen, der hier denkt, entfaltet sich über den Versuch, psychoanalytische Erkenntnis im Zirkel aller Erkenntnis und insbesondere als Objektbeziehungspsychologie verstehbar zu machen (Teil II); dem folgt die Exposition der „messianischen Idee", deren radikal-utopisches Moment das von Bion sogenannte „O" ist, dem sich zu nähern über „F in O" entfaltet wird (Teil III); die „Gruppe", die hier im Zentrum steht, sind die Patienten und wesentliche mit ihnen geteilte und zu teilende Erfahrungen (Teil IV); das „Establishment" steht für den Rahmen, das Gesetz und gerade in Verbindung mit letzterem für eine Dialektik der Grenze, weshalb nicht von ungefähr abschließend von der Terminierung der Behandlung psychotischer Menschen die Rede ist (Teil V). Der vorliegende Text ist ein Fragment; ein beachtliches Quantum seiner Wahrheit und Unwahrheit bezieht dieser Text folglich aus dem hermeneutischen Implikat einer Lücke. Diese Lücke handelt von der Macht unseres Nichtwissens im Verhältnis zu dem Wenigen, was wir schon wissen, wenn wir psychotische Menschen behandeln. Die Lükke unseres Nichtwissens ist nicht nur der Ort, den wir dem psychotischen Patienten in uns anbieten können, um emotional und geistig wachsen zu können, es ist auch der Ort, der den Dialog mit anderen Wissenschaftlern, nicht nur Psychoanalytikern, möglich macht. Ein Text, wie der hier vorliegende, kann kreativ fortgeschrieben werden entlang der sich weiter entwickelnden Interaktionen zwischen Mystiker, messianischer Idee, Gruppe und Establishment. Dabei geht es wesentlich darum, das Nebeneinander der Teile und die Spannung einer nicht-parasitären Interaktion der Teile am Leben zu halten. Dieses Leben macht es mir möglich, Gedanken Descartes' zu paraphrasieren: Ich denke und fühle, also bin ich denkend und fühlend. Die Kraft zur Synthesis, die hier angesprochen ist, ist die, die dem Psychotiker mangelt.

Wie das Nebeneinander der Teile und zugleich ihre Vermittlungen zu entfalten seien, davon hat Kant sehr viel verstanden, weshalb er für Forscher wie Bion und Loch von so außerordentlicher Bedeutung ist; Kant schreibt: „Das: ‚Ich denke' muß alle meine Vorstellungen begleiten können; denn sonst würde etwas in mir vorgestellt werden, was gar nicht gedacht werden könnte, welches eben so viel heißt, als die Vorstellung würde entweder unmöglich oder wenigstens für mich nichts sein... Also nur dadurch, daß ich ein Mannigfaltiges gegebener Vorstellungen in *einem Bewußtsein* verbinden kann, ist es möglich, daß ich mir die *Identität des Bewußtseins in diesen Vorstellungen* selbst vorstelle, d.i. die analytische Einheit der Apperzeption ist nur unter der Voraussetzung ... einer synthetischen möglich. Der Gedanke: diese in der Anschauung gegebenen Vorstellungen gehören mir insgesamt zu, heißt demnach so viel, als ich vereinige sie in einem Selbstbewußtsein, oder kann sie wenigstens darin vereinigen, und ob er gleich selbst noch nicht das Bewußtsein der *Synthesis* der Vorstellungen ist, so setzt er doch die Möglichkeit der letzteren voraus; das ist nur dadurch, daß ich das Mannigfaltige derselben in einem Bewußtsein begreifen kann, nenne ich dieselbe insgesamt meine Vorstellungen; denn sonst würde ich ein *vielfärbiges verschiedenes Selbst* (Hervorhebung St.B.) haben, als ich Vorstellungen habe, deren ich mir bewußt bin" (Kant, I. 1897, § 16, S. 136 ff.). Nicht nur der Psychotiker, dem die Synthesis mißlingt, ist vom Zerfall in ein „vielfärbiges verschiedenes Selbst" (Kant, I. s.o.) bedroht, sondern die Psychoanalyse als Wissenschaft gleichermaßen. In diesem Sinne ist die sogenannte klassische Psychoanalyse und die psychoanalytische Arbeit mit psychotischen Patienten unteilbar. Die Kraft einer immer als vorläufig zu denkenden Synthesis der Psychoanalyse als Wissenschaft kommt bei Roger Money-Cyrle pointiert zum Ausdruck:

„In the first stage, forty or fifty years ago, my dominant assumption would have been that *mental illness is the result of sexual inhibitions*. This may be profoundly true; but naively understood can lead to very superficial analysis. Moreover, in a subtle way, it can encourage a patient to adhere to the unconscious belief that, instead of giving up his Oedipus complex, he can realize it with the analyst's help and so be master of the world.

In the second stage, twenty to twenty-five years ago, my dominant assumption would have been that *mental illness is the result of unconscious moral conflict*. This supplements, rather than contradicts, the earlier view, and implies a better understanding of Freud's concept of the superego with Kleinian additions about the complexity of the early ego-superego relationship. In particular, a harsh superego is thought of as the result, less of a harsh upbringing, than of an 'intra-psychic paranoia' (if I may coin the word). The recipe, therefore, is to try to get the patient to reintegrate the projections which distored his superego — a process which precipitates what Klein called the depressive position, and provides a motive in depressive guilt for curbing attacks on improved internal figures.

In the third and recent stage, my dominant assumption is that *the patient, whether clinically ill or not, suffers from unconscious misconceptions and delusions*. As before, this assumption supplements rather than supersedes the other two: the patient's inhibitions are a product of his misconceptions, and his harsh superego is itself a misconception. But it is not the only one. I now often get the impression that the deep unconscious, even of apparently normal analysands, is simply riddled with misconceptions, particularly in the sexual sphere. Where, for example, I would formerly have interpreted a dream as a representation of the parents' intercourse, I would now more often interpret it as a *misrepresentation* of this event. Indeed, every conceivable representation of it seems to proliferate in the unconscious *except the right one*.

Such misconceptions of the primal scene used to be attributed to the external impediments put in the way of the child's sexual curiosity. But I am now convinced that, like other animals, he is innately predisposed to discover the truth, and that the impediments are mainly emotional. Indeed, these impediments are by now much better understood. I think, too, we are on the edge of understanding the innate process of cognitive development against which they operate — often with fantastic strength (Money-Cyrle, R. 1978, S. 416 ff.).

Von dieser „fantastic strength“ werden wir immer so viel begreifen, wie wir fähig sind, uns auf den Konflikt zwischen Wissen und Nichtwissen einzulassen, wofür wir der Hilfe der mit uns kooperierenden Patienten ununterbrochen bedürfen. Indem emotionale und geistige Wachstumsprozesse der Patienten im Lichte der Theorie aufs engste verknüpft sind mit dem emotionalen und geistigen Wachstum der Analytiker, Therapeuten, therapeutischen Teams, erweisen sich die Prozesse katastrophischer Veränderungen recht eigentlich als gelebte und sich selbst ständig weiter interpretierende, zu schreibende und ständig umzuschreibende Objektbeziehungspsychologie.

Das Bemühen dieser Arbeit trifft sich in wesentlichen Punkten mit den Arbeiten von Norman Elrod und Mitarbeitern (Institut für Psychoanalytische Psychotherapie, Hrsg. 1987, Bd. I bis VI); in der Art des Umgangs mit psychotischen Patienten ergeben sich wesentliche Übereinstimmungen. Da aber Norman Elrod in seinem Verständnis von Objektbeziehungen überstark von Sullivans interpersonal school geprägt ist, mißlingt ihm, die Objektbeziehungspsychologie mit der psychoanalytischen Triebtheorie kohärent zu verknüpfen. Die Triebtheorie ist in letzter Instanz die theoretische Abstraktion dessen, was für das Ganze des Körpers des Patienten steht; in diesem Zusammenhang erkenne ich die nach Abschluß dieses Manuskriptes gründlich studierte Arbeit von Gisela Pankow (Pankow, G. 1990) als wesentliche Bestätigung dessen an, was ich hier speziell in meinen Reformulierungen von Bion und Winnicott zu sagen versucht habe. In diesem Kontext kann die komplexe Dialektik von innerer und äußerer Realität nur angemessen begriffen werden, wenn sich Psychoanalyse auch durch die Akte der Rehistorisierung körperlicher Subjektivität hindurch als Sozialwissenschaft bewährt:

Wohltuend heben sich Elrods marxistische Reflexionen und deren Verbindung mit der psychoanalytischen Theorie von flachen sozialwissenschaftlichen Verdünnungen der Psychoanalyse ab, wie sie leider Kernberg mit seinen systemtheoretischen Amplifizierungen psychoanalytischer Theorie unternimmt, wann immer er kategorial institutionelle Zusammenhänge und ihre Wirkungen zu erfassen versucht (Kernberg, O. 1976, 1988a und b). Meine Sichtweise von Objektbeziehungspsychologie habe ich in Anlehnung an frühere Veröffentlichungen von Wolfgang Loch entfaltet, deren materialistische Potenz Loch in seinem Aufsatz „Über einige Zusammenhänge zwischen Psychoanalyse und Philosophie" (Loch, W. 1989) fundamental-philosophisch reduziert; dem steht diese Studie kritisch entgegen — von Früchten der Psychoanalyse Lochs zehrend. Diese Gedanken zu Elrod, Sullivan, Bion, Winnicott, Pankow und Loch kann ich hier nur notieren; sie im Detail zu diskutieren, ist einer weiteren Studie aufgegeben.

Literatur

Adorno, Th. W. u. Horkheimer, M. (1946) Dialektik der Aufklärung. Amsterdam.

Adorno, Th. W. (1966) Negative Dialektik. Frankfurt.

Adorno, Th. W. (1969): Minima moralia. Frankfurt.

Allerdings, I. et al: Der psychotische Jugendliche, die Institution und die Psychoanalyse. Geschichte und aktuelle Probleme des Vereins für Psychoanalytische Sozialarbeit e.V. In: Englert, E. (Hrsg.) PSYCHOANALYSE 4, 1984. Bonz, Fellbach-Oeffinger 1984.

Allerdings, I. et al: Probleme der Gegenübertragung und des Rahmens von Langzeitbehandlungen psychotischer Kinder und Jugendlicher. In: Becker, H. und Nedelmann, C. (Hrsg.), Psychoanalytische Sozialarbeit mit psychotischen Kindern und Jugendlichen. PSYCHOSOZIAL 32, 1987.

Balint, M. (1952): Der Neubeginn, das paranoide und das depressive Syndrom, in: Balint, M. 1969.

Balint, M.: Primary Love and the Psychoanalytic Technique. London 1965.

Balint, M.: Die Urformen der Liebe. Frankfurt 1969.

Balint, M.: Therapeutische Aspekte der Regression. Stuttgart 1970.

Becker, D. (1989): Psychoanalytische Sozialarbeit mit Gefolterten in Chile. In: Becker, H. und Leber, A. (Hrsg.) 1989.

Becker, H. und Nedelmann, C.: Psychoanalyse und Politik. Frankfurt 1983.

Becker, H. und Leber, A. (Hrsg.) (1989): Psychose und Extremtraumatisierung, PSYCHOSOZIAL 37. Teil 1.

Becker, H. und Leber, A. (Hrsg.) (1989): Psychose und Extremtraumatisierung, PSYCHOSOZIAL 39, Teil 2.

Becker, H. und Nedelmann, C. (Hrsg.) (1987): Psychoanalytische Sozialarbeit mit psychotischen Kindern und Jugendlichen, PSYCHOSOZIAL 32.

Becker, H. und Nedelmann, C. (Hrsg.): Vorwort zu: Psychoanalytische Sozialarbeit mit psychotischen Kindern und Jugendlichen, in: PSYCHOSOZIAL, 32, München 1987.

Becker, St.: Zur Psychoanalytischen Entwicklungstheorie von Sprache und symbolischer Interaktion. Magisterarbeit in Freiburg 1973 (unveröffentlicht).
Becker, St.: Psychoanalytische Sozialarbeit mit psychotischen Kindern und Jugendlichen. In: Biermann, G. (Hrsg.): Handbuch für Kinderpsychotherapie. Band IV. E. Reinhardt. München 1981a.
Becker, St.: Das Pflegepersonal als Therapiefaktor in der Behandlung von psychotischen und borderline-Adoleszenten. In: Lempp, R.(Hrsg.): Adoleszenz. H. Huber. Bern 1981b.
Becker, St., Zons, R. (1975): Gedanken über Objektbeziehungspsychologie. In: Goeppert, S. (Hrsg.) Die Beziehung zwischen Arzt und Patient, München 1975.
Becker, St. (1984): Säuglingspflege und Behandlung psychotischer Patienten — Ähnlichkeit und Differenz: Spezielle Probleme in der Handhabung therapeutischer Regression. In: Lempp, R. (Hrsg.): Psychische Entwicklung und Schizophrenie. Bern 1984. S. 125 ff.
Becker, St.: Loslassen und Nichtfallenlassen: Die psychotherapeutische Arbeit mit Eltern als Funktion der Ablösung von Kindern und Jugendlichen. In: Lempp, R. (Hrsg.), (1987), Reifung und Ablösung. Bern 1987.
Becker, St. und Günter, M. (1989): Psychopharmaka als Hilfsmittel in der stationären Psychotherapie schizophrener Jugendlicher. In: Lempp, R. (1990): Die Behandlung schizophrener Psychose (im Druck), Bern.
Benjamin, W.: Geschichtsphilosophische Thesen. In: Benjamin, W. (1965): Zur Kritik der Gewalt und andere Aufsätze. Frankfurt.
Benedetti, G.: Todeslandschaften der Seele. Göttingen 1983.
Bion, W.: Eine Theorie des Denkens — Learning from experience. London 1961. Zu dem Symposion: „Psychoanalytische Untersuchung des Denkens“ auf dem 22. Internationalen Kongress für Psychoanalyse, Edinburg 1961; Englische Veröffentlichung in: International Journal of Psychoanalysis XLIII, 1962. Deutsche Fassung in: Psyche 1963, S. 426f, Stuttgart.
Bion, W.: Learning from experience. London 1962.
Bion, W.: The elements of psychoanalyis. London 1963.
Bion, W.: Transformations. London 1965.
Bion, W.: Catastrophic Change. Scientific Bulletin of the British Psychoanalytic Society. No. 5, 1966, S. 13 — 25. London.
Bion, W. (1970): Attention and interpretation. London.

Bion, W. (1974): Brazilian Lectures, Rio de Janeiro, Imago Editora.
Bion, W. (1976): Evidence. In: Bion, W. R., Abingdon 1987.
Bion, W.: Seven Servants. New York 1977.
Bion, W.: The dawn of oblivion. London 1978. Pertshire.
Bion, W.: Second Thoughts. Selected Papers on Psychoanalysis. New York (Aronson) 1984.
Bion, W.: Clinical Seminars and Four Papers. Abingdon 1987.
Bion, W.: Making the best of a bad job (1979). In: Bion (1987).
Bleger, J. (1967): Psychoanalysis of the psychoanalytic frame. International Journal of Psychoanalysis, 48: 511 — 519, 1967.
Bleger, J. (1967): Psicohigiene y psicologia institucional. Buenos Aires.
Bleger, J. (1967): Simbiosis e ambiguidad. Buenos Aires.
Cacement, P. (1989): Vom Patienten lernen. Stuttgart.
Carroll, L. C.: Alice hinter den Spiegeln. Frankfurt 1963.
Chicago Institute for Psychoanalysis (ed.): The Annual of Psychoanalysis. New York 1973.
Cygon, R. (1988): Einige Überlegungen über Melanie Klein. In: Bulletin der Deutschen Psychoanalytischen Vereinigung, Berlin.
Dantlgraber, J. (1982): Bemerkungen zur subjektiven Indikation für Psychoanalyse. PSYCHE 36: S. 391-325. Stuttgart.
Denker, R. (1974): Angst und Aggression. Berlin.
Denker, R. (1975): Aufklärung über Aggression. Berlin.
Denker, R.: Selbstbild als Fremdentwurf. Tübingen 1985.
Denker, R.: Das arme kritische Ich beim späten Freud. In: Denker, Tübingen 1985.
Du Bois, R., Günter, M., Kleefeld, H.: Der betreuerische Alltag in der Langzeitpsychotherapie psychotischer Jugendlicher am Beispiel von Störungen der Reifung und Loslösung — eine Bestandsaufnahme. In: Lempp, R. (Hrsg.): Reifung und Ablösung. Bern 1987.
Eigen, M. (1985): Towards Bions starting point: Between catastrophy and death. In: The International Journal of Psychoanalysis, Vol. 66, 1985, part 3, S. 321 ff.
Eigen, M.: The psychotic core. London 1986.
Eickhoff, F. W.: Probleme der Beendigung psychoanalytischer Behandlungen. In: Goeppert, S. (Hrsg.): Die Beziehung zwischen Arzt und Patient. München 1975.

Einstein, A.: Physik und Realität (1936). In: Einstein, A. (1979): Aus meinen späten Jahren. Stuttgart.
Ekstein, R. (1973): Grenzfallkinder. München.
Ekstein, R.: Termination of analysis and working through. In: R. E. Litman (Hrsg.): Psychoanalysis in the Americas. International Universities Press. New York 1966.
Ekstein, R.: Persönliche Mitteilung an den Verfasser in Tübingen. 1980.
Elkana, Y. (1986): Anthropologie der Erkenntnis — Die Entwicklung des Wissens als ethisches Theater einer listigen Vernunft. Frankfurt.
Elrod, N.: Kriterien der Besserung in der Psychotherapie. München 1974.
Erdheim, M. (1982): Die gesellschaftliche Produktion von Unbewußtheit. Frankfurt.
Erikson, E.H. (1950): Kindheit und Gesellschaft. Pan Verlag, Zürich — Stuttgart, 1957.
Erikson, E.H. (1953): Wachstum und Krisen der gesunden Persönlichkeit. Stuttgart.
Erikson, E.H. (1964): Human strength and the cycle of generations. In: Insight and responsibility. W. W. Norton, New York.
Federn, P. (1956): Ichpsychologie und die Psychosen. Frankfurt 1978.
Ferenczi, S.: Das Problem der Beendigung von Analysen (1927). In: Ferenczi, S.: Baustein zur Psychoanalyse, Bd. III, Bern 1984.
Ferenczi, S.: Ohne Sympathie keine Heilung — Das klinische Tagebuch von 1982. Frankfurt 1988.
Feuling, M. (1989): Das Begehren ist das Begehren des Anderen. Dissertation Tübingen.
Freeman, Th., Cameron, J.L., McGhie, A.: Studie zur chronischen Schizophrenie. Frankfurt 1969.
Freud, S. (1949): GW I-XVII, London.
Freud, S. (1895b): Studien über Hysterie. GW I.
Freud, S. (1900): Die Traumdeutung (GW II-III).
Freud, S. (1905): Drei Abhandlungen zur Sexualtheorie. GW V, S. 29-145.
Freud, S. (1911): Formulierungen über die zwei Prinzipien des psychischen Geschehens. GW VIII, S. 230 — 238.
Freud, S. (1912): Ratschläge für den Arzt bei der psychoanalytischen Behandlung. GW VIII.

Freud, S. (1913): Das Interesse an der Psychoanalyse. GW VIII.
Freud, S. (1914): Erinnern, Wiederholen und Durcharbeiten. GW X, S. 126.
Freud, S. (1915): Triebe und Triebschicksale. GW X.
Freud, S. (1917): Trauer, Melancholie. GW X, S. 428-446.
Freud, S. (1920): Jenseits des Lustprinzips. GW XIII.
Freud, S.: Das Ich und das Es (1923). GW XIII. Frankfurt 1952.
Freud, S.: Zum Realitätsverlust bei Neurose und Psychose (1924). In: Freud S., GW XIII. Frankfurt 1952.
Freud, S. (1926): Hemmung, Symptom und Angst. GW XIV.
Freud, S. (1926): Zur Frage der Laienanalyse, GW XIV.
Freud, S. (1927): Die Zukunft einer Illusion. Gesammelte Werke XIV.
Freud, S. (1933): Neue Folge der Vorlesungen zur Einführung in die Psychoanalyse. GW XV.
Freud, S. (1937): Die endliche und die unendliche Analyse. GW XVI. Frankfurt 1952.
Freud, S. (1937): Der Mann Moses und die monotheistische Religion. GW XVI. Frankfurt 1952.
Freud, S. (1940): Abriß der Psychoanalyse. GW XVII.
Freud, S. (1962): Aus den Anfängen der Psychoanalyse 1987 — 1902. Briefe an Wilhelm Fließ. Hamburg.
Frosch, J. (1983): The psychotic process. New York.
Fürstenau, P. (1979): Zur Theorie psychoanalytischer Praxis. Stuttgart.
Gide, A.: Paludes (1895), in: A. G. Sämtliche Erzählungen. Stuttgart 1965.
Goethals, G.W.: Symbiosis and the life cycle, in: Br. J. med. Psychol. 46. 1973.
Goffman, E.: Wir spielen alle Theater. Frankfurt 1969.
Greenson, R.r.: Technik und Praxis der Psychoanalyse. Stuttgart 1973.
Grinberg, L., Sor, D., Tabak, D., Biancedi, E. (1975): Introduction to the work of Bion. London.
Grinberg, L.: The closing phase of the psychoanalytic treatment of adults and the goals of psychoanalysis. ‚The search for truth about one's self'. In: International Journal of Psychoanalysis 61: 25-38. 1980.
Grünbaum, A. (1988): Die Grundlagen der Psychoanalyse. Stuttgart.

Günter, M. und Becker, St. (1989): Pharmakotherapie als Hilfsmittel der Psychotherapie. In: Lempp, R. (Hrsg.): Neuere Ansätze zur Psychosenbehandlung — Im Druck.
Guntrip, H.: Personality Structure and Human Interaction. New York 1961.
Habermas, J.: Erkenntnis und Interesse. Frankfurt 1968.
Habermas, J.: Legitimationsprobleme im Spätkapitalismus. Frankfurt 1973.
Habermas, J. (1985): Die neue Unübersichtlichkeit. Frankfurt.
Habermas, J. (1985): Der philosophische Diskurs der Moderne. Frankfurt.
Habermas, J. (1988): Nachmetaphysisches Denken. Frankfurt.
Hartmann, H. (1975): Ich-Psychologie und Anpassungsproblem. Stuttgart 1975.
Hawking, St.W. (1988): Eine kurze Geschichte der Zeit — Die Suche nach der Urkraft des Universums.
Hegel, G.W.F.: Rechtsphilosophie, GW 8, Stuttgart 1927.
Hegel, G.W.F.: Phänomenologie des Geistes. GW 3. Frankfurt 1970.
Heinzmann, B. et al.: Stationäre Psychotherapie und Klinikkalltag. In: Zeitschr. f. Kinder- und Jugendpsychiatrie. 1984.
Hinz, H. (1989): Projektive Identifizierung und psychoanalytischer Dialog. In: Psyche 7, 43. Jg., Stuttgart.
Hobbes, Th. (1965): Leviathan. Reinbek.
Holt, R.R. (1968): Beyond Vitalism an Mechanism. Freuds concept of Psychic energy. In: Wolmar, B. (Ed.): Historical works of contemp. Psychology, New York.
Institut für analytische Psychotherapie Zürich-Kreuzlingen (Hrsg.): Psychoanalyse im Rahmen der Demokratischen Psychiatrie. Bd. 1-6, 1987-90.
Jacoby, R.: Negative Psychoanalysis. In: Telos 14. San Louis, Miss. 1972.
Jappe, G., Nedelmann, C. (Hrsg.) (1980): Zur Psychoanalyse der Objektbeziehungen. Stuttgart-Bad Cannstatt.
Kant, I. (1787): Kritik der reinen Vernunft. Frankfurt, 1974.
Khan, M.M.R., The Finding and Becoming of the Self in: M.M.R. Khan (1974): The Privacy of the Self. London.
Keilson, H. (1979): Sequentielle Traumatisierung. Stuttgart.

Kernberg, O.: Psychoanalytic Object-Relations Theory, Group Processes and Administration: Towards an Integrative Theory. In: Chicago Institute (ed.) 1973.
Kernberg, O. (1984): Severe personality disorders. New Haven. From: M.G. and Smith, B. L. (editors). 1989. The facilitating environment: Clinical applications of Winnicott theory. Madison.
Kernberg, O. (1988): Innere Welt und äußere Realität. Wien, München.
Kernberg, O. (1976): Objektbeziehungen und Praxis der Psychoanalyse. Stuttgart.
Kernberg, O. (1988): Schwere Persönlichkeitsstörungen, Theorie — Diagnose — Behandlungsstrategien. Stuttgart.
Klein, M.: Psychoanalyse des Kindes. Wien 1932.
Klein, M.: Die Psychoanalyse des Kleinkindes. Stuttgart 1962.
Klein, M.: Bemerkungen über einige schizoide Mechanismen. In: dies., Das Seelenleben des Kleinkindes, Stuttgart 1962.
Klein, M.: Neid und Dankbarkeit. In dies.: Das Seelenleben des Kleinkindes. Stuttgart 1962.
Klein, M.: Envy and gratitude and other works. 1946 — 1963, London 1984.
Klein, M.: Love, guilt and reparation and other works. 1921 — 1945. London 1985.
Klein, M.: The psychoanalysis of children. London 1986.
Kohut, H.: Narzißmus. Frankfurt 1973a.
Kohut, H.: Narzißmus und narzißtische Wut. In: Psyche 6. Stuttgart 1973b.
Kohut, H.: Persönliche Mitteilung an St. Becker in Chicago. 1974.
Lacan, J. (1975): Über eine Frage, die jeder möglichen Behandlung der Psychose vorausgeht. In: Lacan, J. (1975): Schriften II, S. 61 ff. Olten.
Lacan, J.: Freuds technische Schriften. 1978 Olten.
Langs, R. (1979): The therapeutic environment, New York.
Legendre, Pierre (1989): „Die Juden interpretieren verrückt". Gutachten zu einem klassischen Text. In: Psyche I, 43. Jahrgang, Januar 1989, Stuttgart.
Lempp, R. (1973): Psychosen im Kindes- und Jugendalter, Bern.
Loch, W.: Voraussetzungen, Mechanismen und Grenzen des psychoanalytischen Prozesses. Bern 1965.

Loch, W.: Buchbesprechung von Stierlin, H. 1969. In: Psyche 1, Stuttgart 1970.
Loch, W. (1971): Gedanken über Gegenstand, Ziele und Methoden der Psychoanalyse. In: Psyche 12. Stuttgart 1971, ebenso in W.L. (1975).
Loch, W.: Zur Theorie, Technik und Therapie der Psychoanalyse, Frankfurt 1972.
Loch, W.: Frei gehaltener Vortrag in Freiburg über: Psychoanalyse-Psychotherapie-Ziele und Indikationen. 1974.
Loch, W.: Über Begriffe und Methoden der Psychoanalyse. Bern 1975.
Loch, W. (1985): Realität — Einbildungskraft/Phantasie — Kreativität. In: Deutsche Psychoanalytische Vereinigung — Arbeitstagung: Phantasie und Realität, Wiesbaden S. 101 — 124.
Loch, W.: Perspektiven der Psychoanalyse. 1986.
Loch (Hrsg.) (1989): Die Krankheitslehre der Psychoanalyse. 5. ergänzte und korrigierte Auflage. Stuttgart.
Loch, W.: Über einige Zusammenhänge zwischen Psychoanalyse und Philosophie. In: Psychoanalyse Bd. 25 (Hrsg. Loch, W., Eickhoff F.W.), 1989 b, Stuttgart.
Loewald, H.W. (1974): Das Zeiterleben. In: Psyche 12. Stuttgart 1974.
Lorenzer, A. (1970): Sprachzerstörung und Rekonstruktion. Frankfurt.
Lorenzer, A.: Zur Begründung einer materialistischen Sozialisationstheorie. Frankfurt 1972.
Lorenzer, A.: Die Wahrheit der psychoanalytischen Erkenntnis. Frankfurt 1974.
Mahler, M.S.: Symbiose und Individuation, Bd. I: Psychosen im frühen Kindesalter. Stuttgart 1973.
Mannoni, M. (1978): Ein Ort zum Leben. Frankfurt.
Marx, K. (1885): Der 18. Brumaire des Louis Bonaparte. Ausgabe 1963, Leipzig.
Mead, G.H.: Geist, Identität und Gesellschaft. Frankfurt 1968.
Meltzer, D.: The psychoanalytic process. London 1967.
Meltzer D. et al: Explorations in Autism. 1975. Pertshire,Meltzer, D.: The Kleinian Development. 1978.
Meltzer, D.: Traumleben. 1988 München.
Money-Kyrle, R.: The collected papers of Roger Money Kyrle, Pertshire 1978.

Nedelmann, C., Ferstel, H. (Hrsg.): Die Methode der Balint-Gruppe. Stuttgart.
Negt, O. / Kluge, A.: Öffentlichkeit und Erfahrung. Zur Organisationsfrage von bürgerlicher und proletarischer Öffentlichkeit. Frankfurt 1972.
Pankow, G.: Gesprengte Fesseln der Psychose. München 1974.
Pankow, G.: Schizophrenie und Dasein. Stuttgart 1990.
Pao, P.N.: Schizophrenic Disorders. International University Presse. New York 1979.
Paron, P. (1977): Das Ich und die Anpassungsmechanismen. In Paron, P.: Der Widerspruch im Subjekt; Ethnopsychoanalytische Studien. Frankfurt 1978.
Peirce, C.S. : Deduktion, Induktion, Hypothese. 1978. In: Peirce, C.S.: Schriften I, Frankfurt 1967.
Peirce, C.S.: Aus dem Pragmatismus. Vorlesungen 1903. In: Peirce, C.S.: Schriften II, Frankfurt 1970.
Popper, K.R. : Logic of discovery. London 1966.
Popper, K.R. (1969): Conjectures and refutations. London.
Proust, M.: Die wiedergefundene Zeit. In: M.P.: Auf der Suche nach der verlorenen Zeit, Bd. 12 und 13. Frankfurt 1967.
Racker, H. (1978): Übertragung und Gegenübertragung. München.
Rickman, J.: On the Criteria for the Termination of an Analysis. International Journal of Psychoanalysis 31: 200-201. 1950.
Rosenfeld, H.: Zur Psychoanalyse psychotischer Zustände. Frankfurt 1981.
Rosenfeld, H.: Impass and Interpretation. London 1987.
Rosenzweig, F. (1988): Der Stern der Erlösung. Frankfurt.
Schäfer, R. (1986): A new language of psychoanalysis. New Haven.
Schilder, P.: Mind: Perception and Thought in their constructive Aspects. New York 1942.
Scholem, G. (1977): Judaika III. Studien zur jüdischen Mystik. Frankfurt.
Scholem, G. (1957): Die jüdische Mystik in ihren Hauptströmungen. Frankfurt 1980.
Scholem, G. (1973): Zur Kabbala und ihrer Symbolik. Frankfurt.
Scholem, G. (1975): Persönliche Mitteilung in Jerusalem.
Searles, H.: Collected Papers on Schizophrenia and related Subjects. New York 1968.

Searles, H.: Concerning Therapeutic Symbiosis. In: Chicago Institute (ed.) 1973.
Searles, H.: Der psychoanalytische Beitrag zur Schizophrenieforschung. München 1974. (Übers. von 8 Aufsätzen von H.S. 1968).
Segal, H. (1957): Notes on symbol Formation, in: Int. Journal of Psychoanalysis.
Segal, H. (1974): Melanie Klein — Eine Einführung in ihr Werk. München.
Spitz, R.A.: Nein und Ja. Stuttgart 1957.
Stanton, A.H., Schwartz, M.S.: The mental hospital, New York. 1959.
Stephanos, S. (1979): Objet libidinal et transfert aux cours des desorganisations et réorganisations psychosomatiques, Paris.
Stierlin, H.: Conflict and Reconciliation: A Study in Human Relations and Schizophrenia. New York 1969.
Stork, J. (1983): Frühe Triangulation. In: Mertens, W. (Hrsg.): Psychoanalyse (S. 69-75). München.
Taubes, J. (Hrsg.): Der Fürst dieser Welt — Carl Schmitt und die Folgen. Paderborn 1983.
Theweleit, K. (1989): Buch der Könige. Frankfurt.
Thiersch, H. (1977): Kritik und Handeln. Interaktionistische Aspekte der Sozialpädagogik. Neuwied.
Thomä, H. und Kächele, H. (1985): Lehrbuch der psychoanalytischen Therapie. I Grundlagen, Berlin.
Thomä, H. und Kächele, H. (1988): Lehrbuch der psychoanalytischen Therapie. II Praxis. Berlin.
Thorner, Hans: Entweder/Oder. Ein Beitrag zur Symbolik. In: Nedelmann, C., Jappe, G. 1980.
Tustin, F.: Autism and Childhood Psychoses. London 1972.
Tustin, F.: Autistische Zustände bei Kindern. Stuttgart 1989.
Tustin, F.: Psychological birth and Psychological Catastrophe. In: Grotstein J.S. (Hrsg.): Do I dare disturb the universe? A memorial to W. R. Bion. Beverly Hills 1981.
Volkan, V. (1981): Linking objects and linking phenomena. New York.
Wallerstein, R. S.: Forty-two Lives in Treatment. A Study of Psychoanalysis and Psychotherapy. — The Report of the Psychotherapy Research Project of the Menninger Foundation. 1954-1982. London — New York 1986.

Wegener, P.: Die Bedeutung der Anfangsszene im psychoanalytischen Erstinterview. Dissertation Tübingen, 1988.
Wigotski, L. (1966): Denken und Sprechen. Frankfurt.
Winnicott, D.W. (1970): Residential care and therapy. In: Winnicott, D.W. (1984): Deprivation and delinquency. London.
Winnicott, D.W.: Vom Spiel zur Kreativität. Stuttgart 1973.
Winnicott, D.W. (1956): Primäre Mütterlichkeit. In: Kutter, P. und Roskamp, H., Hrsg.: Psychologie des Ich, Darmstadt 1974.
Winnicott, D.W. (1965): Reifungsprozesse und fördernde Umwelt. München 1974.
Winnicott, D.W.: Von der Kinderheilkunde zur Psychoanalyse. München 1976.
Winnicott, D.W.: Psychosen und Kinderpflege. In: Winnicott, D.W.: Von der Kinderheilkunde zur Psychoanalyse. Kindler. München 1976.
Winnicott, D.W. (1987): The spontaneous gesture, edited by F.R. Rodman. Cambridge Mass.
Winnicott, W. (1988): Human nature. London.
Wittgenstein, L.: Philosophische Untersuchungen. Frankfurt 1967.
Wittgenstein, L.: Philosophische Grammatik. Frankfurt 1973.